8841人アンケートでわかった!

「勝ち組」投資家の法則

日経マネー 編

日本経済新聞出版社

まえがき

月刊の総合マネー情報誌である「日経マネー」では、様々な個人投資家の方を誌面で取り上げます。身近な一般投資家が体験した投資の成功例や失敗談が、資産運用のプロのアドバイスよりも、読者の心に響くことがあるからです。誌面で紹介する個人投資家の中には、1億円を株式投資で達成したという、人もうらやむような「勝ち組」投資家もいます。また、運用の勉強を一生懸命しているのに「株を買えば下がり、売れば上がる」といった具合に一向に成果が上がらないトホホな投資家もいます。

では、勝ち組投資家と負け組の資産運用にはどんな違いがあるのでしょうか。一般的に、株式投資は、経験が長ければ長いほど、そして勉強熱心であればあるほど上手になるといわれます。しかし、編集部の記者が多くの個人投資家に取材を重ねるうちに、運用の成否を分けるのは、それだけではなさそうなことが分かってきました。勝ち組といわれる投資家には、何か共通の成功パターンのようなものがあるようなのです。

果たして個人が資産運用で成功する〝ツボ〟は何なのか――。その疑問を解くべく、「日経マネー」では二〇〇七年二月、インターネットによる大規模な個人投資家アンケートを実施しました。アンケートに答えていただいた個人投資家は八千八百四十一人（有効回答者数）に達しました。百項目以上に及ぶ大量の質問があり、しかも金融資産の額や過去一年の運用成績など、詳細かつプライベートな項目にこれだけの方々が答えてくれたのです。

調査結果からは様々な勝ち組投資家の実像が浮かび上がりました。「投資対象は新興株や中小型株よりも東証一部の大型株中心」「携帯端末などを使った売買にはあまり積極的ではない」――などなどです。「勝ち組」には好業績銘柄に長期投資するオーソドックスな投資スタイルが多く、「負け組」の多くはチャートやネット証券の特殊注文を使いこなしていないことが確認できました。資産運用に対する考え方、投資に関するルールの作り方などにも違いがあることが分かりました。

この調査を基に「日経マネー」では二〇〇七年四月号で「サラリーマンでもお金持ち！」という大特集を組みました。特集は多くの読者に支持していただき、プロの方からは「日本の個人投資家の実態を明らかにする調査として画期的である」というおほめの声もいただきました。追加取材も交えて調査のより詳しい結果を解説したのが本書です。

本書は豊富なデータを使いながら、資産運用で勝ち組となるための様々な「勝利の方程式」を導き出しています。また、投資で陥りがちな「落とし穴」にも触れています。読み進むうちに、運用成績を上げるための心構えやノウハウが自然に身に付くことでしょう。また多くの個人投資家の成功と失敗の実例を取り上げているのも本書の大きな特徴です。共感を覚えながら楽しく読んでいただけるはずです。

資産運用で成果を上げる勝ち組になるか、それとも負け組として撤退を迫られるのか、その分かれ目は成功のツボをきちんと押さえているかどうかです。「個人投資家の味方」を大きな編集方針に掲げる「日経マネー」がまとめた本書は、必ずや読者の運用力の向上にお役に立てると自負しています。この本が読者の運用成果の向上につながれば、私たちにとってこれに勝る喜びはありません。

二〇〇七年九月

日経マネー編集長　北澤千秋

目次

※データ分析やチェックテストの問題作成にあたりリサーチ会社「監査と分析」のご協力をいただきました。

第1章

これがもうける法則だ!

資産を着実に殖やしていける人、
運用に成功したり失敗したりで結局もうからない人
あなたはどちらでしょうか？

株式投資、投資信託の購入、外貨取引……あらゆる資産運用には知識と情報が必要です。知識と情報ゼロで運用の世界に飛び込むのは、こぎ方を知らないボートで大海に出るようなもの。幸運にも追い風を受けてボートがぐんぐん進むこともあるでしょうが、進む方向は常に風まかせ。大嵐に遭遇したらひとたまりもありません。

では、知識と情報があれば資産運用に成功できるのでしょうか？

株式投資の経験がある人なら、必ずしもそうではないことを体験的に理解しているでしょう。例えばインターネットで様々な銘柄の情報を集め、チャートを日々チェックして分析、チャンスを逃さぬよう昼休みに携帯電話を使って売買注文を出す。ずいぶん努力しているはずなのに、勝ったり負けたりで、結局トータルではたいしてもうからない。しまいには損を抱えて、株式投資欄を見るのも嫌になってしまう。日経マネー編集部には、そんな個人投資家たちの声が多く寄せられます。

うまく資産を殖やしている人もいる一方で、頑張っているのにもうからない人がいる。なぜでしょう？　この両者にはどんな違いがあるのでしょう？　そのポイントを知ることは、個人投資家の資産運用に大きなヒントになりそうです。

そこで、編集部では個人投資家に大規模なアンケート調査を行いました。07年2月末～3月上旬に、インターネット上で募集し、８８４１人の個人投資家の方々から協力をいただきました（告知場所は、日経マネーのホームページ「日経マネーデジタル」、日経マネーのメールマガジンおよびブログ、ＳＢＩイー・トレード証券、カブドットコム証券、松井証券、マネックス証券、楽天証券のネット証券5社のホームページやメールマガジン、株式評論家や人気個人投資家のホームページやブログなど）。

アンケート質問は全55項目。保有資産額、ローンの有無、日頃のおカネの管理や消費動向、積立貯蓄の有無、よく使う金融機関、どんな投資信託を持っているかなど、質問内容は資産運用全般に渡りました。特に株式投資については、投資資金額、銘柄選びで重視していること、平均的な保有期間、売買タイミングを決定するもの、よく利用する情報ツールなど、何を重視して、どのように売買しているかなど運用スタイルに関して詳細に質問しました。

運用成果については、06年2月末～07年1月末までの1年間を対象にしています。アンケート回答者のなかで、この1年間に金融資産全体を殖やした人は回答者全体の64％でした。一方、減らしてしまった人は36％いました。さらに株式投資に限ると、この1年間のマイナスとなった人がアンケート回答者の39％、プラスとなった人が61％といました。55個に及んだ質問のうち、これら運用収益のプラスマイナスに大きな影響を与えた項目は何だったのかを、早速紹介していきましょう。

あなたは株式投資でどのくらい利益が出せる？投資力チェックテストに挑戦！

資産を着実に殖やし得ていける人と、運用に成功したり失敗したりで結局もうからない人。その違いを知る前に、自分自身はどちらのタイプかをチェックしてみませんか？

今回の個人投資家アンケートデータの分析結果から、普段の運用パターンで株式投資力を客観的に測定することができるテストを作りました。18の質問に対して、あなたの普段の投資行動に従って「正解」と思われる選択肢をひとつ選び、回答欄に記入してください。このテストの面白いところは、株式投資で得られるであろう収益が、普段の投資行動などで分かってしまうところ。あなたのやり方なら年間でどのくらいの収益を上げられるかの判定結果も出ています。採点方法および判定は、98ページで見ることができます。

留意してほしいのは、今回のアンケート分析が06年2月末～07年1月末までの1年間の運用成果を対象としていること。この時期は「ライブドアショック」直後からの1年間にあたり、新興市場株は大きく下げ、大型株、高配当株が強い相場でした。判定結果はこの時期に運用していたならばという前提であることを注意してください。

なお、分析とテスト問題作成にあたり、リサーチ会社「監査と分析」アドバイザーの瀧本哲史さんの協力を得ました。

株式投資でどのくらい利益が出せる?

投資力チェックテスト

以下の各項目に対して、あなたご自身に最も当てはまる項目を一つ選んでください。

Q1 株式投資に関する勉強は苦にならない方だ。

- A まったく苦にならない
- B どちらかといえば苦にならない
- C どちらかといえば億劫だ
- D 億劫でやりたくない

Q2 PER(株価収益率)の意味を理解しており、個別銘柄への投資ではチェックを怠らない。

- A 理解していて必ずチェックする
- B 理解しているが時々役立てる程度
- C 言葉の意味はなんとなく分かるが、投資では重視しない
- D 言葉の意味も分からない

Q3 ROE(自己資本利益率)の意味を理解しており、個別銘柄への投資ではチェックを怠らない。

- A 理解していて必ずチェックする
- B 理解しているが時々役立てる程度
- C 言葉の意味はなんとなく分かるが、投資では重視しない
- D 言葉の意味も分からない

Q4 1年間に、世帯収入の何%程度を貯蓄・投資に回している?

- A 5%未満
- B 5〜10%未満
- C 10〜20%未満
- D 20〜30%未満
- E 30%以上

Q5 資産の何割を何に投資するか、明確な資産分散ポートフォリオがある?

- A 明確に決めている
- B およそ決めている
- C あまり決めていない
- D まったく決めていない

Q6 株式投資だけではリスクが高いので、保有資産の中に少しでも投資信託を組み入れておきたいと思う?

- A 絶対そう思う
- B どちらかといえばそう思う
- C どちらかといえばそう思わない
- D 全くそうは思わない

Q7 株式投資における銘柄選択はチャート重視、それとも業績重視?

- A 絶対チャート
- B どちらかといえばチャート
- C どちらかといえば業績
- D 絶対業績

Q8 株式1銘柄当たりの平均保有期間として、もっとも近いものは?

- A 1日程度
- B 1〜3週間程度
- C 1カ月〜1年未満
- D 1年以上

◀◀ 次のページに続きます

Q9 投資対象銘柄の業界を理解しているかは、株式投資の成否には関係ないと思う？

A 絶対そう思う
B どちらかといえばそう思う
C どちらかといえばそう思わない
D 全くそうは思わない

Q10 株式投資対象は、値動きの軽い新興株派？ 東証1部などの大型株派？

A 絶対に新興株派
B どちらかといえば新興株派
C どちらかといえば大型株派
D 絶対に大型株派

Q11 インターネットの掲示板の書き込みを読んで参考にする？

A 頻繁にチェックして投資に役立てている
B ときどき見て、参考にしている
C チェックはするが投資の材料にはしない
D ほとんど見ない

Q12 株価チャートを見る時、ローソク足の転換など細部まで必ずチェックする？

A 必ずチェックして投資に役立てている
B ときどき見て、参考にしている
C チェックはするが投資の材料にはしない
D ほとんど見ない

Q13 株式投資歴はどのくらい？

A 1年未満
B 1～3年未満
C 3～5年未満
D 5～10年未満
E 10年以上

Q14 現在株式投資にあてている資金の額は？

A 100万円未満
B 100万～200万円未満
C 200万～300万円未満
D 300万～500万円未満
E 500万円以上

Q15 信用取引は活用する？

A 積極的に活用する
B どちらかといえば活用する
C どちらかといえば現物株取引を重視
D 現物株取引に徹している

Q16 株式の売買頻度として最も近いのは？

A ほぼ毎日、頻繁に行う
B 1週間に2～3回
C 1カ月に2～5回程度
D 1カ月に1回程度
E 数カ月に1回以下

Q17 ネット証券選びで重視するポイントに、「逆指値などの自動売買注文機能があること」は外せない。

A 絶対そう思う
B どちらかといえばそう思う
C どちらかといえばそう思わない
D 全くそうは思わない

Q18 ネット証券選びで重視するポイントに、「外国株(米国、中国、韓国など)」の品ぞろえ」は外せない。

A 絶対そう思う
B どちらかといえばそう思う
C どちらかといえばそう思わない
D 全くそうは思わない

▶▶ 採点方法と判定は98～99ページ

Q		A	B	C	D	E	得点
1	株式投資に関する勉強は苦にならない方だ。						
2	PER（株価収益率）の意味を理解しており、個別銘柄への投資ではチェックを怠らない。						
3	ROE（自己資本利益率）の意味を理解しており、個別銘柄への投資ではチェックを怠らない。						
4	1年間に、世帯収入の何％程度を貯蓄・投資に回している？						
5	資産の何割を何に投資するか、明確な資産分散ポートフォリオがある？						
6	株式投資だけではリスクが高いので、保有資産の中に少しでも投資信託を組み入れておきたいと思う？						
7	株式投資における銘柄選択はチャート重視、それとも業績重視？						
8	株式1銘柄当たりの平均保有期間として、もっとも近いものは？						
9	投資対象銘柄の業界を理解しているかは、株式投資の成否には関係ないと思う？						
10	株式投資対象は、値動きの軽い新興株派？東証1部などの大型株派？						
11	インターネットの掲示板の書き込みを読んで参考にする？						
12	株価チャートを見る時、ローソク足の転換など細部まで必ずチェックする？						
13	株式投資歴はどのくらい？						
14	現在株式投資にあてている資金の額は？						
15	信用取引は活用する？						
16	株式の売買頻度として最も近いのは？						
17	ネット証券選びで重視するポイントに、「逆指値などの自動売買注文機能があること」は外せない。						
18	ネット証券選びで重視するポイントに、「外国株（米国、中国、韓国など）」の品ぞろえ」は外せない。						

運用の勝率を左右する4つの条件とは?

うまく資産を殖やしている人。頑張っているはずなのにもうからない人。その違いを明らかにするために、日経マネー編集部では個人投資家８８４１人のアンケート調査を分析しました。

リサーチ会社「監査と分析」の協力を得て、全質問数55、全選択肢３１４項目について、1年間（06年2月〜07年1月末）の運用収益との相関関係を検証。全ての質問の全ての選択肢ごとに、運用収益との関連の強さを相関関数という数値にして比較しました。対象期間中に高い収益を上げた人たちが共通して選んでいる項目を明らかにし、共通点を洗い出すためです。その結果、運用収益に大きな影響を与える６つのキーワードが浮かび上がりました。

アンケートの全質問項目と回答結果の詳細は１０２ページに掲載しています。収益率と回答項目との相関係数は全て有意確率を出し、統計的に意味のあるもののみを分析に採用しました。またアンケートに回答した８８４１人のデータは左のとおりです。各項目と収益との相関関係は、資産運用と株式投資のそれぞれについて調べましたが、両者であきらかな差はありませんでした。

アンケートに答えた8841人はこんな人

株式投資の年リターン（06年2月～07年1月末）

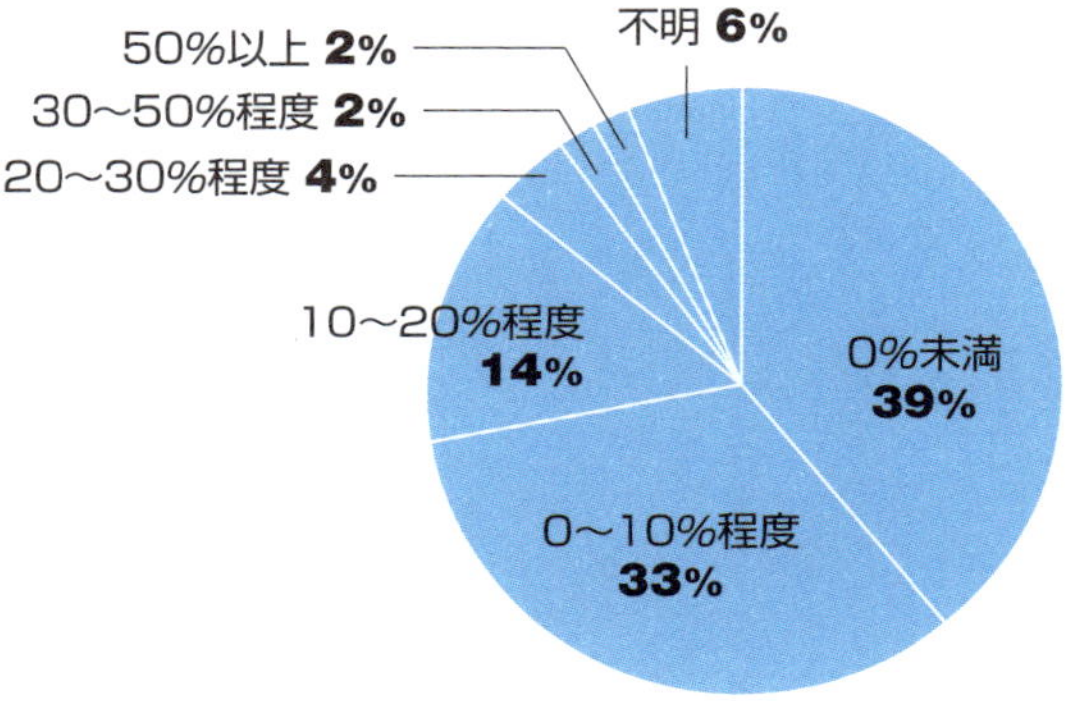

年齢

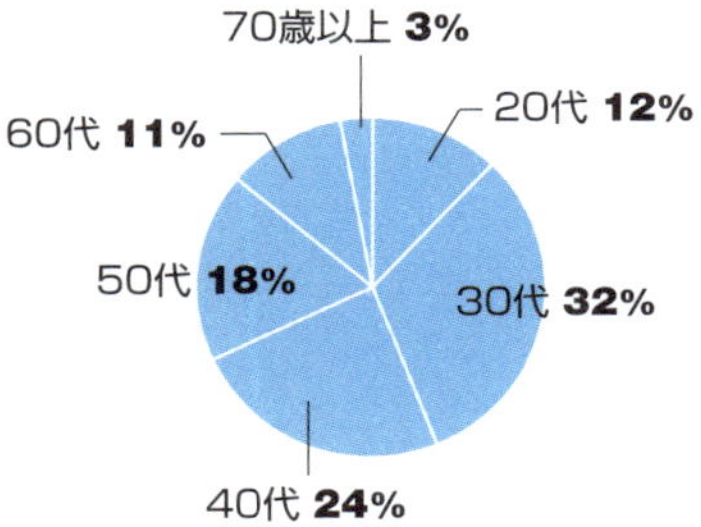

世帯年収

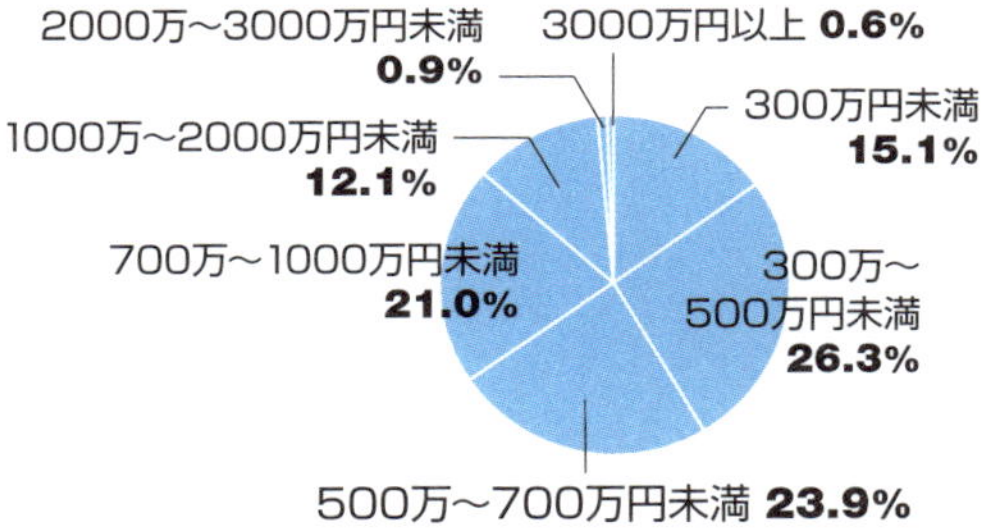

株式投資にあてている金額

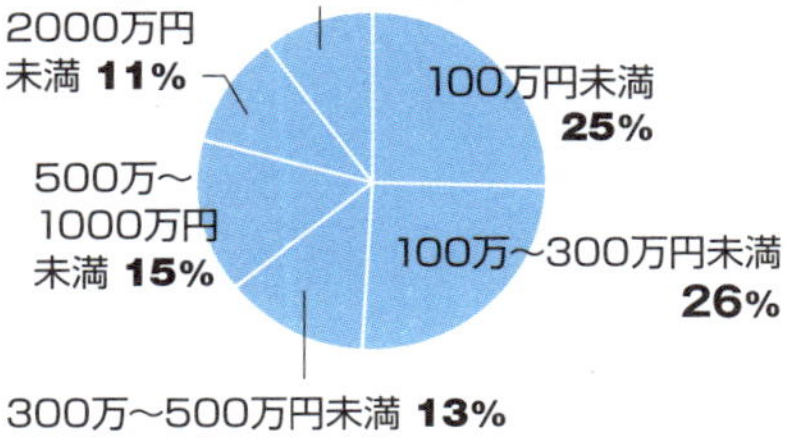

金融資産額

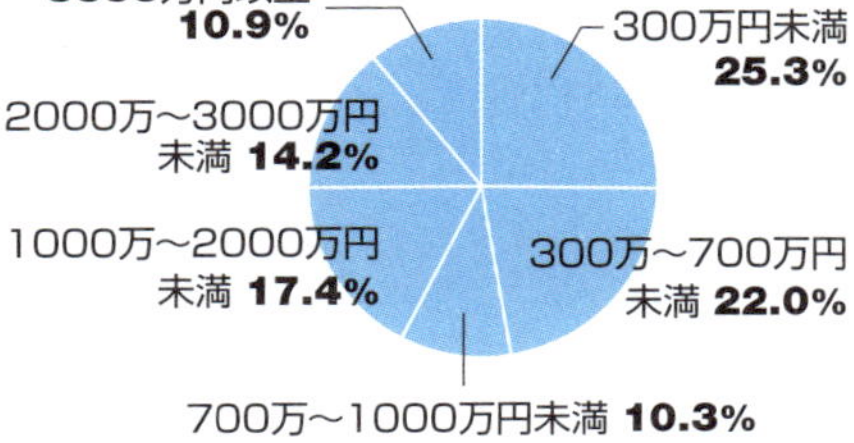

※自宅用不動産の評価額を含まない概算

まず、運用収益にプラスの影響を与えるキーワードです。以下の３つとなりました。

A. 余裕をもって投資・運用をしていること

B. リスクを避ける慎重さがあること

C. 投資・運用の勉強に熱心であること

一方で、運用収益にマイナスの影響を与えるキーワードです。以下の３つとなりました。

D. 手軽にもうけたい気持ちが強いこと

E. 株式投資への自信・経験が少ないこと

F. インターネットで情報を得ることが多いこと

それぞれのキーワードの意味を、具体的な質問項目で詳細にみてみましょう。

まず、運用収益にプラスに働く要素で、最も影響が大きかったのは**A.「投資・運用に対する余裕」**に関連する質問です。

1「現在の金融資産額（自宅用不動産の評価額を含まない金額）」（「１００万円未満」から「３０００万円以上」までの9択）

2「株式投資にあてる資金」（「50万円未満」から「３０００万円以上」までの9択）

3「世帯年収」（「３００万円未満」から「３０００万円以上」までの7択）

は、いずれも金額が高いほど収益率が高くなりました。また、

4「世帯年収のうち投資資金・貯蓄にあてる割合」（「5%未満」から「30%以上」までの5択）

は、割合が高いほど収益率が高いという結果が出ました。さらに、

5「株式投資履歴」（「1年未満」から「10年以上」の6択）

は、長いほどよく、

6「現在の年齢」（実数で記入）

は、高いほどが運用において有利という結果が出ました。

つまり、手持ちの資産が大きく、投資資金が多く、年収が高く、貯蓄に熱心で、投資経験が長いほど、運用リターンが高くなるということです。投資・運用全般に対して、余裕をもって望める人といってもいいでしょう。「お金持ちほどさらにお金持ちになれる」ことを裏付ける結果といえるかもしれません。

2番目に運用収益に対するプラスの影響が大きかったのが**B.「リスクを避ける慎重さ」**に関連する質問項目です。

1「東証一部の大型株と新興市場の中小型株のどちらを投資対象として選ぶことが多いか」（「絶対東証大型株」「どちらかといえば東証大型株」「どちらかといえば新興中小型株」「絶対新興中小型株」の4択）

では、東証大型株を好むほど収益率が高くなることが分かりました。また

2「保有銘柄の保有期間」（「1日」から「5年以上」の7択）

は、保有期間が長い人ほど収益率が高くなりました。

3「取引によく使うネット証券」（18社から1社を選択）

では、野村、日興コーディアル、大和といった老舗や、ネット証券の中では古株の松井を選んでいる人が、

運用収益がいいという結果が出ました。

銘柄選びにおいても証券会社選びにおいても、ブランド志向、安全志向で、比較的リスクを避ける人が高い収益を出す傾向があるようです。また、

4「投資信託を持っているか？」（「持っているか」「いないか」の2択）という質問には、「持っている」人の方が勝率が高くなる傾向がありました。ただし、1年間の収益率が50％以上と飛び抜けて高い層の中には、「手数料を払って人に頼むより、自分で運用した方が効率的である」という理由で、投資信託を保有していない人がいました。

資産や経験の少なさは、勉強熱心さでカバーできる

注目したいのは、運用収益にプラスに働く第三番目のキーワード、**C.「投資・運用に対する熱心さ」**に関連する項目です。具体的には

1「運用手腕を上げるために必要な情報収集や勉強は？」（「全く苦にならない」「どちらかといえば苦にならない」「どちらかといえばしたくない」「全くしたくない」の4択）

については「苦にならない」人ほど運用収益は高くなりました。さらに

2「金融資産全体での年間の運用目標」（「定期預金の金利を上回る」から「年100％以上」までの8択）

は、高く設定するほど、運用結果にプラスに働きます。

3「世帯年収のうち投資資金・貯蓄にあてる割合」（「5％未満」から「30％以上」までの5択）も、高いほど勝率アップにつながります。これらを合計すると、「勝てる投資家」になるには、高い目標を設定し、それを実現するために熱心に勉強し、積極的に資金を運用にあてていることが大切だと分かります。

さらに細かく見ていくと、このグループの人たちは、銘柄選びの情報源として新聞の経済面を読み、企業の決算報告書に目を通しています。今回のアンケート回答者の中で、銘柄選びの情報源として企業の決算書を選んだ人は全体のわずか3％。ごく少数派なのです。

一方で、このグループの金融資産残高は、選択肢の「300万円未満」から「3000万円以上」まで、全体の分布と比較しての偏りはありません。逆に言えば、資産が多くても少なくても、勉強熱心であれば勝率アップにつながるということ。個人投資家にとっては大いに参考にしたいポイントです。

手っ取り早くもうけようと思うと運任せの投資になる

さて、今度は逆に運用収益にマイナスの影響を与えるキーワード、対象期間の運用収益とは逆相関となった項目について具体的に見ていきましょう。

第一に、D.「手軽にもうけたい気持ちの強さ」に関連する要素が収益率を下げることが分かりました。

1「運用手腕を上げるために必要な情報収集や勉強」（「全く苦にならない」「どちらかといえば苦にならない」「どちらかといえばしたくない」「全くしたくない」の4択）では、勉強をしたくない気持ちが強いほど収益率が下がります。

2「分散投資（資産が特定のカテゴリーに偏らない運用）を心がけているか？」（「心がけている」「ある程度心がけている」「あまり気にしていない」「まったく気にしていない」の４択）では気にしない度合いが強いほどは勝率が低くなっています。さらに、

3「銘柄選択で、重視するのは企業の業績かチャートか？」（「絶対チャート重視」「どちらかといえばチャート重視」「どちらかといえば業績重視」「絶対業績重視」）ではチャート重視が強まるほど、収益率が下がります。

　つまり、勉強嫌いで、分散投資に関心が低く、売買タイミングはチャートで決めている人は、勝ちにくいということです。努力せずにお手軽にもうけられたら楽ですが、残念ながら現実はそう甘くはないという結果が今回のアンケート結果でも出てしまいました。

　２番目に運用収益にマイナスの影響を与えるキーワードは、**E.「株式投資の自信・経験が少ない」**ことです。

1「株式投資履歴」（「１年未満」から「10年以上」の６択）は、短いほど勝率が下がります。また

2「金融資産全体での運用目標は？」（「定期預金の金利を上回る」から「年１００％以上」までの８択）で低い目標を上げるほど、勝率が下がります。

　つまり、投資の経験が少ない人が、運用目標を低くおくと勝率が下がってしまうのです。経験が少ないのだから、定期預金の利率を少々上回るくらいでいいか……などとハナから自信のない態度ではダメなようで

す。

運用収益にマイナスの影響を与え3番目のキーワードは、**F.「インターネットの依存度が高い」**ことです。

1「購入や売却の決め手としてよく使う指標」（「移動平均線」や「業績指標など」15項目から3択）で「ネット掲示板での個人投資家の強気弱気動向」を選び、

2「東証一部の大型株と新興市場の中小型株のどちらを投資対象として選ぶことが多いか」（「絶対東証大型株」「どちらかといえば東証大型株」「どちらかといえば新興中小型株」「絶対新興中小型株」の4択）で、新興中小型株志向が強いほど収益率にマイナスとなりました。

さらに

3「よく使うネット証券」（18社から1社を選択）

では逆指し値などの特殊注文やモバイル取引など、ネットの特性を生かしたサービスが充実した会社を選んでいる人のほうが勝率が低い傾向がありました。このグループの人は「ネット上でよく利用するサービス」として「ネットオークション」を選択しているという特徴もありました。オークションで価格を競り合う楽しさと、今回のアンケートでは株式投資の勝率を下げると出た「頻繁な売買」と相通じるものがあるからかもしれません。

以上の結果から、日経マネー編集部では、個人投資家の勝敗を分けるポイントを4つにまとめました。

この1年「買ってる投資家」たちの共通点

共通点 1 勉強が苦にならない

Q 運用手腕を上げための**情報収集**や**勉強**は？

年リターンマイナス組

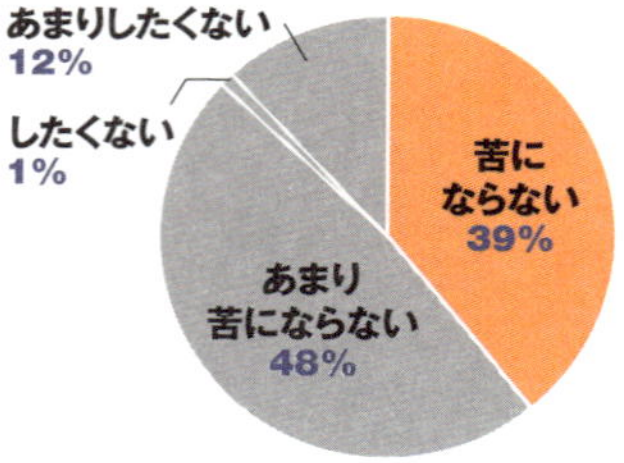

年リターン30%超組

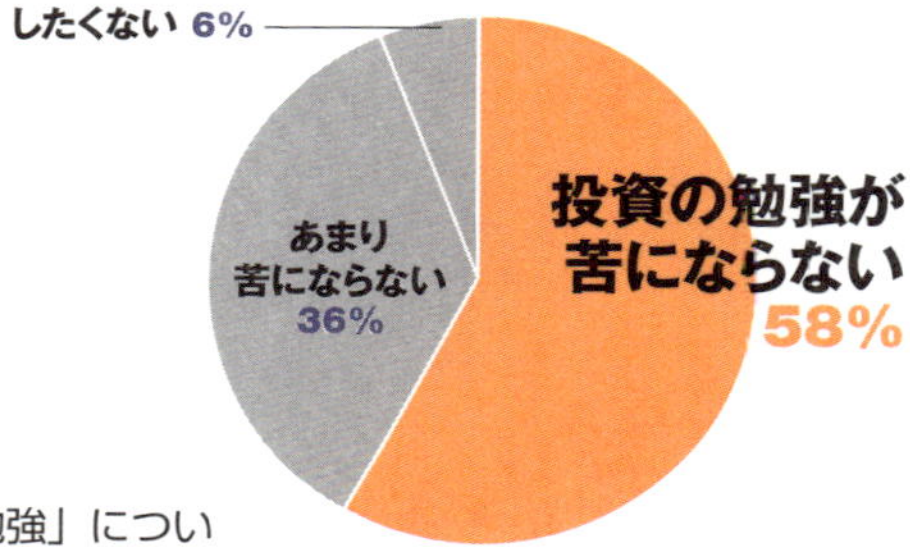

「運用手腕を上げるために必要な情報収集や勉強」について、「苦にならないか」あるいは「したくないか」を選択する設問。「苦にならない」人ほど運用リターンが高くなる強い相関関係があった。おカネの勉強が楽しい！と感じる人になることが勝率アップの重要な条件のようだ。

共通点 2 自分のルールで分散投資

Q 明確な**資産配分ポートフォリオ**があるか？

年リターンマイナス組

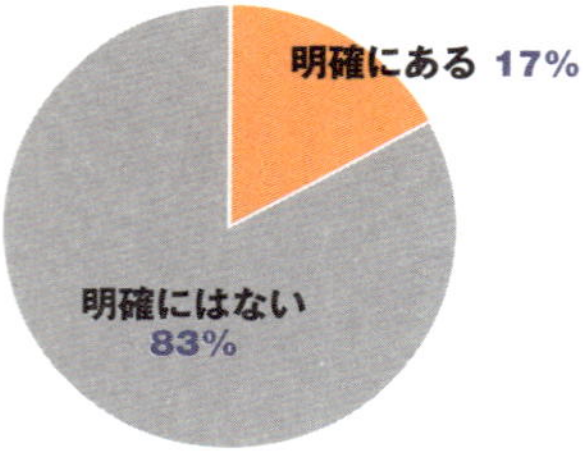

年リターン30%超組

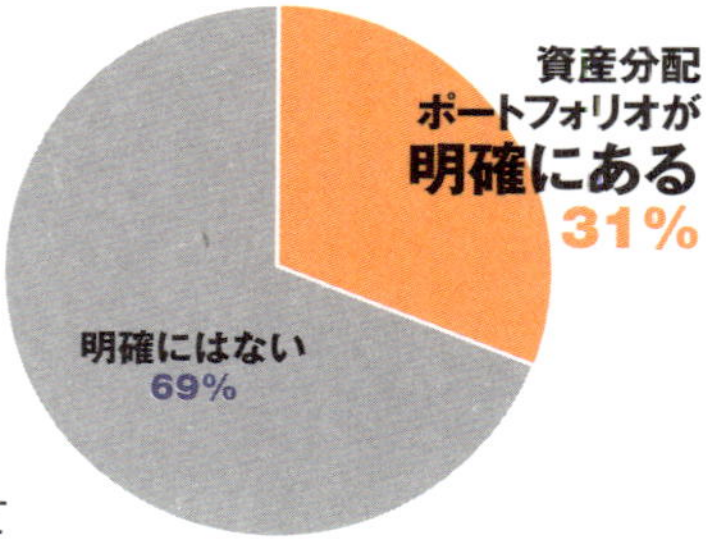

「分散投資を心がけているか？」という設問で「心がけている」を選び、さらに「明確なポートフォリオ（資産配分）がある」と答えた人はリターンが高い。「投資信託を持っている」人が「持っていない」人よりリターンが高くなったが、これも分散効果だろう。

※円グラフは06年2月～07年1月の1年間に株式投資で30％以上のリターンを上げた層とマイナスとなった層を比較したものです。

共通点

3 株式投資はブランド志向・安全重視

Q 投資の中心は**東証一部**か**新興市場**か？

年リターンマイナス組

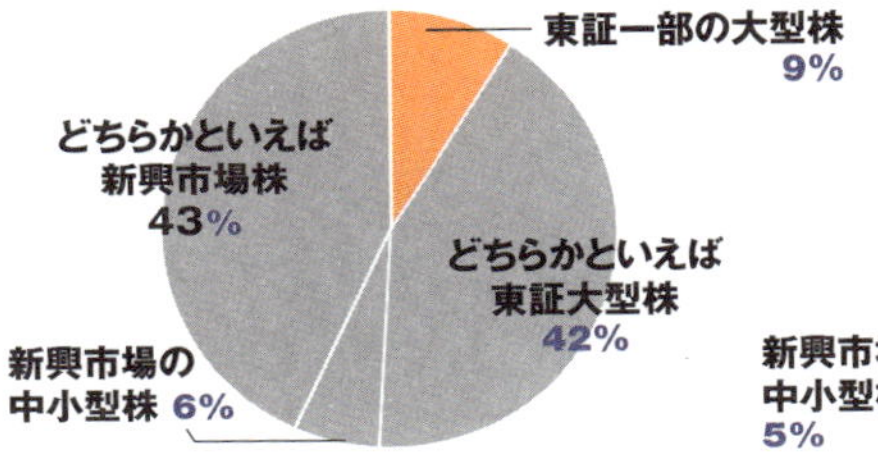

年リターン30%超組

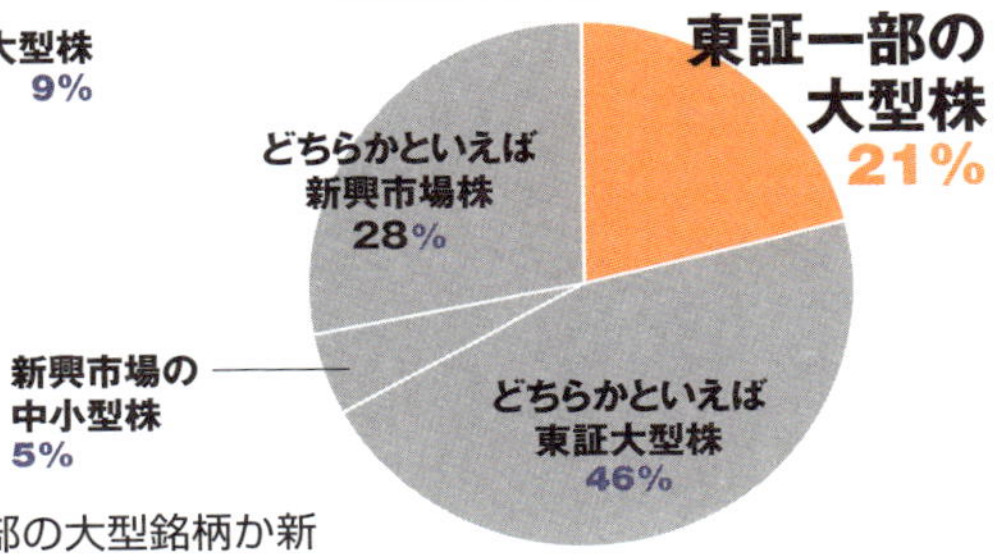

投資対象としてより好むのは「東証一部の大型銘柄か新興市場の中小型銘柄か」という2択に、「東証大型株」と答えた人や、「持ち銘柄の平均保有期間」（「1日」～「5年以上」の7択）が長い人ほどリターンが高くなる。リスクを避ける慎重さは勝率アップに重要。

共通点

4 万事につけて余裕あり

Q 現在の**金融資産額**はいくらか？

年リターンマイナス組

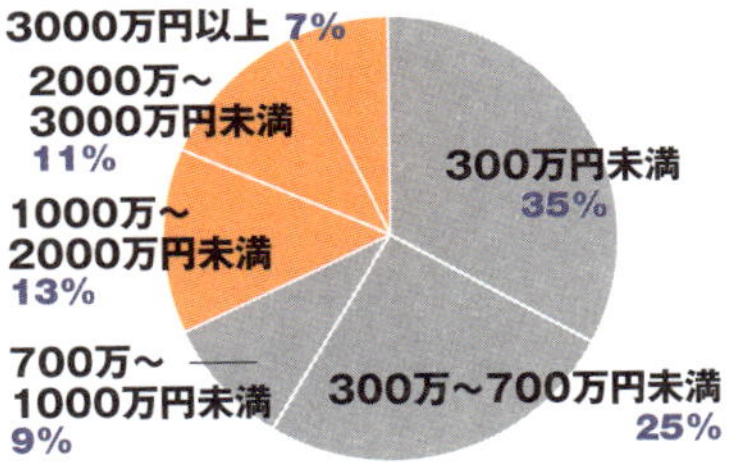

年リターン30%超組

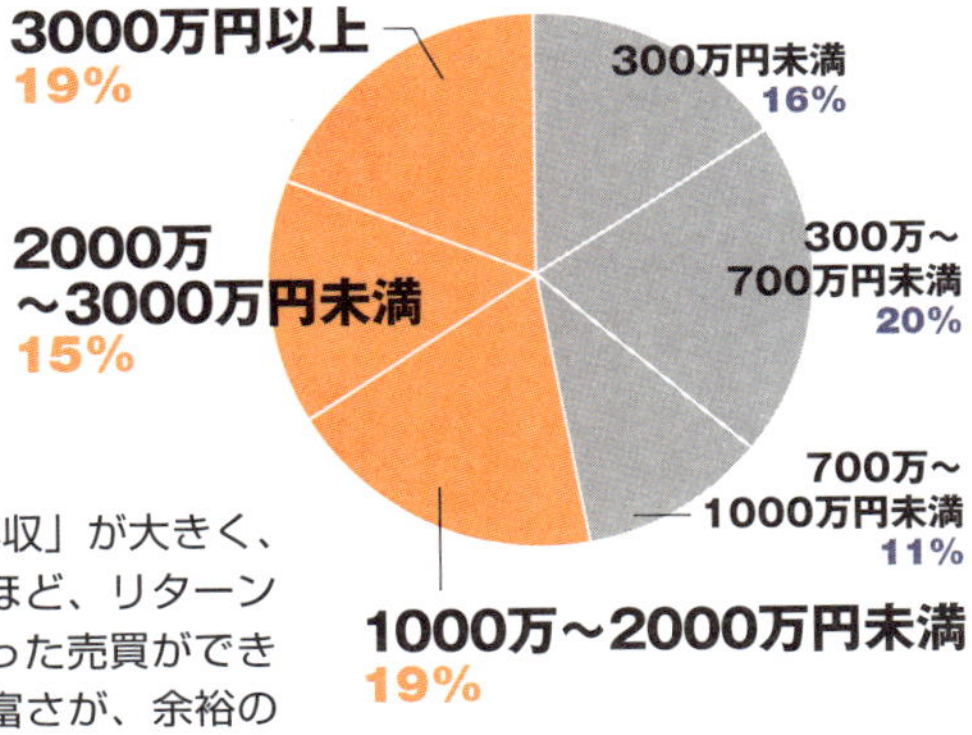

「金融資産額」「株式投資の資金」「世帯年収」が大きく、「株式投資歴」が長く、「年齢」が高い人ほど、リターンが高くなる。資金力があればゆとりをもった売買ができる。加えて投資キャリア・人生経験の豊富さが、余裕のある運用につながり、勝率を上げる。

年収・投資資金１０００万円未満にしぼって分析
普通のサラリーマン投資家の勝ち組、負け組はここが違っていた

今回のアンケート分析であきらかになった一番シビアな結論は、「お金持ちほど勝率が高い」ことでしょう。投資の収益率を大きく左右する要因が「世帯年収」や「投資資金」にあったのですから。

では、年収や資金面で「普通」のサラリーマンは勝てないということでしょうか？　そうとも限りません。普通のサラリーマンでももうけている人はちゃんといました。

そこで、今回のアンケート回答者の中から、年収１０００万円未満、金融資産が１０００万円未満の１２４８人を「一般投資家」として抽出。その中で、対象期間（06年2月〜07年1月）の運用収益が10％以上だった４８４人を勝ち組（ニコニコ）投資家、運用収益がマイナスだった７６４人を負け組（トホホ）投資家として、主要な項目を比較してみました。

1. 投資対象が違っていた！

ニコニコ投資家は大型株でじっくり殖やす
トホホ投資家は新興株で一発狙い

「投資銘柄は東証一部の大型株？ 新興市場の中小型株？」。アンケートのこの質問に対して、ニコニコ投資家の62％が、値動きの安定した東証1部の大型株を選び、長期で保有する慎重派でした。一方、トホホ投資家の51％は新興株派。特に今回の分析対象期間（06年2月～07年1月末）は、電力株など本来は安定した値動きの高配当株や、外国人投資家に人気が高い高収益銘柄が大きく値上がりした時期です。大型株志向派には追い風の相場環境だったことも明暗を分けた一因でしょう。

2. よく使う情報源が違っていた！

ニコニコ投資家は「新聞の経済面」「企業の決算報告書」
トホホ投資家は「テレビ」「インターネットの個人投資家掲示板」

「銘柄選びの情報源としてよく使うものは？」。アンケートのこの質問でも、ニコニコ投資家とトホホ投資家で明確な差が出ました。

ニコニコ投資家の27・1％が活用しているのが「新聞の経済面」（トホホ投資家では24・0％）。一方、トホホ投資家の22・0％が活用しているのは「テレビのニュース、経済番組」です（ニコニコ投資家では17・1％）。

また、ニコニコ投資家の15・1％が「企業の決算報告書」を選んだのに対し、トホホ投資家では12・4％に過ぎません。一方で、トホホ投資家の22・4％が活用している「インターネットの個人投資家掲示板」はニコニコ投資家では13・8％にとどまりました。

テレビのニュースといい、ネットといい、トホホ投資家は短期間に株価を動かす最新の材料を追いかけようとします。しかしトータルで勝てていない運用結果からみると、相場の動きに振り回されて終わってしまうようです。一方、ニコニコ投資家はじっくり業績研究してじっくり売買。情報源の違いは、投資スタイルの違いにつながっています。新聞の経済面も企業の決算報告書も、テレビやネットに比べてとっつきにくいし、面倒です。チェックしている個人投資家は少数派でした。収益率を上げる重要なポイントと分かった「運用や投資の勉強」のポイントはどうやら情報源の違いにありそうです。

3. よく使う指標が違っていた！
ニコニコ投資家は銘柄の割安度や企業の収益性
トホホ投資家は移動平均線など株価の動き

「銘柄選択はチャート重視？　業績重視？」という質問に対して、ニコニコ投資家の54％が「業績重視」を選択したのに対して、トホホ投資家の64％が「チャート重視」を選んでいます。

また、「購入や売却の決め手になる指標」では、ニコニコ投資家は株価の割安度を示すＰＥＲ（株価収益率）、ＰＢＲ（株価純資産倍率）や、経営の効率性を示すＲＯＥ（自己資本利益率）、本業の伸びを示す営業利益の推移を重視しています。企業の今後の成長を自分で予測し、その成長期待が株価にすでに織り込まれているかいないかを判断しようとしていることがうかがえます。

一方、トホホ投資家が「購入や売却の決め手になる指標」として重視するのは、株価の動きを示すもの。

移動平均線との乖離、ローソク足の形、板情報。例えば、「購入や売却の決め手になる指標はローソク足」という人がトホホ投資家では41・8％、一方ニコニコ投資家では33・9％です。トホホ投資家の方が相場の波に乗って、利益を取ろうとする人の割合が高いのです。

「よく使う情報源」と同様、ニコニコ投資家と、トホホ投資の運用スタイルの違いを反映した結果になっています。

4. 性格が違ってた！ ニコニコ投資家は慎重派で トホホ投資家は勝負好き

「競馬、パチンコ、宝くじ。ギャンブルに対するスタンスは？」という質問に対して、ニコニコ投資家の65・5％が「ギャンブル苦手」と回答。勝率が低い勝負には手を出さない主義なのかもしれません。対して、トホホ投資家では「ギャンブル苦手」と答えた人は55・1％にとどまりました。

また、トホホ投資家は「ネットオークションを利用する」と答えた人の率が高いのも特徴です（「利用する」人が回答者全体の44％に対して、トホホ投資家は52％）。競争相手がいる勝負が好きで、ついつい熱くなった結果、負けてしまう……のかもしれません。

column

大きくもうけている人たちの保有銘柄は？

ナンバー1は中国株！日経平均株価の上昇率が4.7％の期間（06年2月〜07年1月）に、30％以上のリターンを上げた人の保有銘柄ベスト5は表のとおり（アンケート回答時点の07年2月末〜3月中旬）。例えば、この期間に120％のリターンを上げたという寺元健太郎さん（36歳・会社員）の運用対象は中国株を中心に、インド、ベトナム、ブラジル、ロシアなどもっぱら新興国株です。

「ロールモデル」は大学時代、オーストラリア放浪旅行中に出会った複数の欧州人の老夫婦。「悠々自適の老後を送っていた彼らが、高度経済成長期の日本株・韓国株に投資して財をなしたと聞き、とても印象的でした。日本人も今、同じ方法でもうけるチャンスが来たと思います」。

その発想から、投資先は大きく分けて2種類。ひとつは建設、石油、鉄道など、経済成長につれて伸びるインフラ関連。もうひとつは不動産、保険、薬品など富裕層の増加で市場拡大が見込める内需関連。いずれも政府のバックアップがある、各業種のトップ企業を選んでいるそうです。

注意しているのは相場の過熱サイン。運用の鉄則は「上がりすぎたら去る」で、中国株市場はもちろん、先進・新興主要国の相場のウオッチは欠かしません。一方、日本株では新興市場株は06年夏にまとめて損切り。お話を聞いた時点で保有していたのはコマツ、新日鉄、SUMCOと「手堅い銘柄ばかり」で、バランスを取っているとのことでした。

株式投資で年間30％以上の収益を上げた人たちの保有銘柄ベスト5＊

1位	中国株
2位	新日本製鉄
3位	ソフトバンク
4位	トヨタ自動車
5位	SBIホールディングス

＊アンケートを募集した07年2月末〜3月中旬時点

第2章

「凄腕サラリーマン投資家」たちの勝ちテクニック

勝っている個人投資家たちが実際にやっていること

株式投資で勝っている個人投資家たちは具体的にどんな投資をしているのでしょうか？　勝率を高めているポイントは何なのでしょうか？　この章では、具体的に紹介していきます。その前に今一度、今回のアンケート分析で明らかになった勝ち組投資家の特徴を整理してみましょう。カテゴリーごとに運用のリターンとの相関関係が強い順に並べました。

● 投資の勝率が高いのはこんな人

属性

1　株式投資にあてる資金が大きい
2　世帯年収が高い
3　株式投資の経験が長い
4　年齢が高い

運用スタイル

1 東証一部の大型株と新興市場の中小型株なら東証一部大型株に投資する
2 ひとつの銘柄の平均保有期間が長い
3 銘柄選びにおいて重視するものは、業績かチャートかのどちらかなら業績
4 分散投資をしていて、明確なポートフォリオがある

考え方、自己評価

1 自分が目標にたてた運用目標を達成できていると思う
2 自分の投資手腕が人より優れていると感じている
3 運用手腕を上げるための勉強が苦にならない

以上の中で、属性の部分、年収や投資額は、すぐに変えることは難しい要素です。一方で、運用スタイルや考え方については、その方が株式投資で成功する確率が高まると納得できれば、容易に変えることができるのではないでしょうか？

逆に言うと、年収や投資額が飛び抜けて多いわけではない普通のサラリーマンは、運用スタイルと考え方を変えることによって勝率を上げることができるといえるでしょう。

ただし、勉強熱心なはずなのに負けている人もいます。例えば、投資の勉強は苦にならないが、銘柄選びでチャートを重視し、板情報を売買の判断基準にしている人たちのグループは平均よりも勝率が低くなりました。何を勉強するかも重要なのです。

早速勝ち組投資家たちの詳細を見ていきましょう。

どんな「勉強」をすれば、勝率が上がるのか？

今回の回答者８８４１人の中で、過去1年（06年2月〜07年1月末）の株式投資の運用リターンがマイナスとなった人が全体の39％いました。ライブドアショック直後からの1年間で、同期間の日経平均株価の値上がりは約４・２％。日本株相場全体が元気のなかった期間です。

その一方で、30％以上のリターンを上げた人がアンケート回答者全体の４％、３５３人いました。この層を「勝ち組投資家」として、どんな「勉強」をして、勝率を上げているのかをアンケートの回答からみてみましょう。

まず、銘柄選びの情報源です。リターン30％以上の勝ち組投資家グループの回答と全体を比較してみました（左表）。

リターン30％以上の勝ち組投資家の最大の特徴は、情報源の1位、2位が新聞であり、しかも4割近くと非常に高い割合でこれを選択していることにあります。さらに株式・マネー面と同じ比率で、経済面をチェックしている人がいることも注目です。

経済面で重要な経済指標をチェックして国内外に景気の方向性をつかみ、株式・マネー面で相場の動きや企業業績を見る。こうした習慣が、収益率を上げるために重要だということがアンケートから読み取れます。

銘柄選びの情報源としてよく使うものベスト5（3つまで選択）

回答者全体		順位	勝ち組投資家（リターン30% 超）	
ネット証券の情報サービス	16.5%	1	新聞の株式・マネー面	38%
新聞の株式・マネー面	14.4%	2	新聞の経済面	38%
会社情報・四季報	11.5%	3	マネー雑誌	15%
マネー雑誌	10.2%	4	チャートブック	15%
新聞の経済面	10.1%	5	アナリストリポート、株価レーティング	14%

さらに3位のマネー雑誌、4位のチャートブックで注目銘柄や動きが気になる銘柄の情報を仕入れ、5位のアナリストレポートや株価レーティングで、株価の水準を客観的に評価する。信頼性の高い様々なツールを積極的に使って知識を増やし続ける姿勢が見えてきます。

また、投資・運用について考えたり、調べたりする時間が物理的に多いことも、30%超リターンを上げている勝ち組投資家の特徴です。1日1～2時間程度を割いている層が35%と最も多く、1日3時間以上をかけている人も17%います。回答者全体では、1日に投資・運用に割く時間が3時間以上という人は8%に過ぎませんから、2倍強

投資・運用について考えたり調べたり売買するのに割く時間

	全体	勝ち組投資家（リターン30%以上）
1ヶ月数時間程度	9%	5%
1週間1～2時間程度	20%	15%
1週間3～5時間程度	26%	22%
1日1～2時間程度	33%	35%
1日3～5時間程度	6%	12%
それ以上	2%	5%
ほとんどない	3%	2%
分からない	3%	3%

の比率です。

現役のサラリーマンが投資・運用の研究にそこまで時間をかけるのは難しいようにも思えますが、週末を上手に活用しているようです。

例えば東京都在住のAさん（35歳、会社員。この間のリターン32％）の場合は、平日の「勉強」は通勤電車の中で日本経済新聞と投資本を読むのが中心。残業が多いので、帰宅後は、10分程度ネット証券のサイトで保有銘柄の業績や株価に大きな変化がないかを確認するだけといいます。その代わり、週末は株の勉強デイと決め、保有銘柄とウオッチ銘柄1社について30分～1時間をめどにじっくり研究するのだそうです。

「勉強＋記録」で投資力をアップ
退職金を年30％で運用する個人投資家の場合

過去1年のリターンは年30％という難波哲夫さん（仮名・61歳）。リタイア後の2年間に熱心に運用の勉強をし、投資力を上げたといいます。

投資履歴は30年。東証一部銘柄に絞り込んで売買し、「そこそこ勝ってはいた」が、2年前に証券会社のセミナーで薦められた「売買記録ノート」をつけるようになって、リターンが向上したといいます。ノートには売買のたびに、目標株価、損切り価格、購入・売却動機を書き残しています。折りにふれて読み返し、「当初設定した損切り価格をあいまいにしない、当初の購入動機が裏切られたときは他の理由を探さない」ことができるようになり、結果的に、塩漬け株が一掃されたそうです。

入ってくる情報の選別にもノートは役に立つそうです。例えば誰かの推奨や相場観が購入動機のひとつであれば、その人の名前も書いておきます。「相性のいいプロが分かってきます」(難波さん)。同時に、自分の投資方針に合わない人の意見や憶測の情報に振り回されることがなくなったそうです。

週に1度は「株漬けの日」。テレビやネットの投資番組で知識を蓄えます。金曜日は必ず「クロージングベル」（テレビ東京）と「解説　東京マーケット」（ダイワインターネットTV）で、1週間の相場の流れを確認して翌週に備えます。気になったポイントや保有銘柄の情報は必ず手書きでノートにメモ。その字が実に丁寧です。「年30％リターンはできすぎ」と難波さん。金融資産4000万円を10％程度で運用、年金収入250万円と併せて、今後も年収600万円をキープが目標です。

勝率アップのための分散投資のルールとは？

今回の分析の結果、「分散投資をしている。かつ明確なポートフォリオがある」と、運用の勝率が上がると分かりました。このふたつの条件を満たすグループ（分散投資派）は1177人でアンケート回答者の全体では8％を占めるにすぎません。ところが過去1年（06年2月〜07年1月末）に30％以上の運用成績を上げた回答者だけでみると、その31％にあたります。勝っている人ほど、分散投資をしている確率が高いのです。

また分散投資派の資産運用の特徴は、投資信託の保有率が高いことです。回答者全体では、「投資信託を持っている」と答えた人は42・7％。しかし、分散投資派だけでみると、「投資信託を持っている」人が61・0％と多数派になるのです。

アンケートの全体分析で、投資信託を持っていた方が運用の勝率が上がるという結果が出ましたが、ここで特に注目したいのは、投資信託の中でもＥＴＦ（株価指数連動型投資信託）の存在です。ＥＴＦは市場に連動する投資信託で、いわば市場を丸ごと買う商品。究極の分散投資ともいえます。日経平均株価など日本株に連動するＥＴＦの他、米国、ユーロ、新興国など海外の株に投資するＥＴＦも国内で買うことができます。

今回のアンケートで、このＥＴＦ保有者の8割は「分散投資を心がけている」層でした。そしてこのグループで過去1年の運用成績が「マイナス」と答えた人は13％。アンケート回答者全体の39％の3分の1です。

表1　分散投資派は投資信託の保有率が高い

	全体	資産分散派	資産分散派で過去1年の株式投資のリターンが10%以上
投資信託を持っている	42.7%	61.0%	62.2%
持っていない	57.3%	39.0%	37.8%

表2　分散投資派＋高リターン派※はETF保有率が高い。

	日本株ETFを持っている人	外国株ETFを持っている人
全体	10.1%	2.9%
分散投資派で 株式投資で高リターン	23.8%	7.8%

※過去1年の株式投資のリターンが10%以上

一方で1～30％のリターンを上げた人が保有者の80％にのぼります。回答者全体の51％と比較して1・5倍強と好成績ぶりがきわだちます。

なお、今回のアンケートでは、保有金融資産の配分についても細かく聞きました。が、これについて勝ち組特有の資産配分の傾向はありませんでした。むしろ自分自身で明確なポートフォリオを持つこと自体に意味があるようです。自分のおカネをどんな資産でいくら運用しているかを把握しており、その情報を定期的にアップデートして、自分で決めたポートフォリオとずれていればリバランスする。資金管理が明確にできていることが、株式投資にプラスに働くようです。

ブランド志向・安全重視派の「王道銘柄」で勝つ人のルール

優待株投資ブロガーとして著名な女性個人投資家「幸せな投資家さん」（http://plaza.rakuten.co.jp/15happy24/）。主力投資対象である不動産流動銘柄が大きく下げた06年に、日経平均を上回る９・１％のリターンを上げられたのは、任天堂など国際優良株のおかげといいます。「高収益企業を割安で買う」が彼女の投資方針。「今さら、任天堂やトヨタなんて面白くない」と個人投資家仲間には言われたそうですが、過去数年「あきらかに安い」と思ったときに仕込んでおいた「王道銘柄」が06年の相場では力を発揮しました。

保有銘柄数は１００と投資信託なみの分散投資をし、メーン保有銘柄25社については業績チェックを欠かしません。決算日は日経ネットで事前に確認し、その日のうちに企業のホームページへ行き、決算短信を読み込むといいます。株価チャートよりも企業業績を重視して、東証一部の大型株を中心に、中長期で投資する。今回のアンケート分析で分かった「勝てる投資家像」です。

ブランド志向、安全重視というと資金があれば、あまり苦労なくできる投資法のように思われるかもしれませんが、勝っている人たちはやはり違いがあります。

東証一部大型株と新興市場中小型株。投資先として選ぶのは東証大型株と答えたのは、回答者全体の65・２％、５３０４人。この中で、過去1年（06年1月末～07年2月）に株式投資で10％以上のリターンを上げ

購入や売却の決め手になるもの

順位	全体	高リターンのブランド志向・安全重視派
1	移動平均線	移動平均線
2	ローソク足	ローソク足
3	PERやPBRなどの割安指標	PERやPBRなどの割安指標
4	株価に影響を与えそうなニュース	業績予想の上方修正・下方修正
5	配当利回り	株価の値上がり率・値下がり率

普段から心がけている株式投資のルール

順位	全体	高リターンのブランド志向・安全重視派
1	自分で決めた金額内で株式投資をする	保有銘柄の値動きとチャートを定期的にチェックする
2	保有銘柄の値動きとチャートを定期的にチェックする	日経平均株価、NYダウなど大きなトレンドを把握する
3	業務内容が理解できる業界のみに投資する	購入時に利益確定、損切りラインを決めておく
4	日経平均株価、NYダウなど大きなトレンドを把握する	自分で決めた金額内で株式投資をする
5	短期間の上げ下げに動じない	業務内容が理解できる業界のみに投資する

たのは1425人。これら「ブランド志向・安全重視派」で高リターンを上げている層の売買の特徴を回答者全体と比較してみました。

まず「購入や売買の決め手になるもの」。上位3位までは全体の回答と同じですが、4位に「業績の上方・下方修正」、5位に「株価の値上がり率・値下がり率」とあります。「ブランド志向・安全重視派」は売買の判断をする際、株価の方向を見るもの（移動平均線などテクニカル指標）、割安度を見るもの（PERなど投資指標）、業績の変化を見るもの（業績修正）、値動きの過熱ぶりを見るもの（値上がり率など）を幅広くチェックして結論を出していることが分かります。

運用スタイルは順バリ派？ 逆バリ派？

	全体	ブランド志向・安全重視派
上げ相場で買っていく順バリ投資	43.7%	56%
下げ相場で仕込む逆バリ投資	34.8%	44%

信用取引は？

	全体	ブランド志向・安全重視派
活用する	24.6%	29%
現物取引に徹する	75.4%	71%

さらに「普段から心がけている株式投資のルール」を見ると、日経平均株価など大きなトレンドをつかみながら（2位）、保有銘柄の値動きをチェック（1位）、購入時に決めておいた利益確定、損切りライン（3位）にそって売却という流れが見えます。

運用スタイルは、上げ相場で買っていく「順バリ派」の割合が全体より高く、信用取引に対しては全体よりもやや積極的でした。

例えば「投資先は東証一部大型株のみ」で06年に50％のリターンを上げた西田雅夫さん（31歳・会社経営）は、自分の強みを「信用売りができること」といいます。「大半の個人投資家は買って高値で売り抜ける勝ち方しかないが、信用売りができれば下げ相場でももうけられる」。

ただし、西田さんが信用売りをしかけるのは、基本的に高業績、高配当の東証一部大型株。相場の流れや一時的なニュースで大きく下げているものの、いずれは適正水準に株価が戻る確率が高いと思うもので勝負するそう。いわば、ブランド・安全重視信用売り手法です。

第3章

負け組トホホ投資家脱出への6ステップ

サラリーマン投資家の典型的な負けパターンとは？

今回のアンケートで判明した勝っている投資家（ニコニコ投資家）と負けている投資家（トホホ投資家）の違いについては、第1章の24ページで見てきました。しかし、どうしたらトホホさんがニコニコさんになれるのでしょう。日経マネー編集部ではアンケートの詳細な分析に加えて、全国を飛び回りトホホ投資家さんへの取材を敢行、彼らが負ける原因は一体どこにあるのかを徹底的にあぶりだしてきました。

その結果、典型的な負けパターンとして挙げられたのは次の5つでした。

1 **新興市場の崩壊に付き合ってしまっている**

2 **中途半端なチャート分析に頼っている**

3 **正しい損切りができていない**

4 **携帯トレードでムダ売買をしている**

5 **掲示板の情報や板情報に左右される**

最初に、名古屋での取材で出会ったMさん（57歳・男性）の例をご紹介しましょう。残念ながら彼はこの

5つの要素を満たしてしまっているトホホ投資家さんの代表といえそうです。

05年末に友人からの勧めでネットトレードを始めたMさんは、開始直後にライブドア・ショックに見舞われました。保有銘柄はライブドアを含め、個人投資家の人気の高い新興株、低位株がメーンだったそうで、その後はどの銘柄も散々。売り時を逃しただけでなく、イー・トレード証券はナンピン買いを続けて、傷をさらに深くしてしまいます。ほかにも、仕事中にニュースを見てケータイから飛びつき買いをしたり、ネット掲示板に入り浸っているうち偽情報につかまってしまったり。軍資金220万円で、100万円以上マイナスを出してしまったそうです。Mさんの失敗談の中には個人投資家が「そうそう」と共感できるポイントが多いのではないでしょうか。

次のページからは、実際の事例を交えながら、トホホ投資家さんが抱える5つの問題点をどのように解決していけばいいのかをご紹介していきます。

トホホ投資家・Mさんの失敗遍歴

イー・トレードまっさかさま

最初は知っている銘柄ということで、使っている証券会社の株を購入。てっぺんで買った後、だらだら下がりでナンピンと損切りを繰り返してしまいました。

06年2月～4月まで計14回売買
54万円の損失

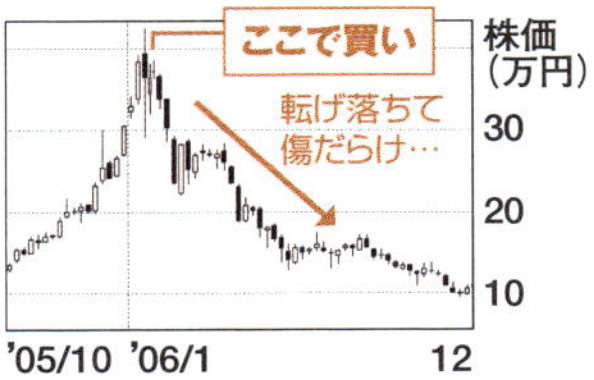

もちろんライブドアでも損失

株を始めて1カ月、会社の同僚の前で株売買を披露。得意げにライブドア200株14万円を購入しました。ショック後も事の重大さが分からず、損を拡大させてしまいました。

06年1月15日買い～2月6日売り
12万円の損失

低位株のシーマにはまった

ヤフー掲示板投稿数ランキング1位だったことに注目。1日何回もチェックし、仲間たちのなぐさめの言葉に安堵、結局実体のないものを丸ごと信じてしまいました。

05年12月～06年6月まで計24回売買
12万円の損失

ソフトバンクモバイルに飛びつき買い

ソフトバンクモバイルの無料通話のニュースを聞き、成り行き買い。しかしその後不評が伝えられ急落。持ちきれずに損切りをしました。ニュースに飛びつく悪い癖がでてしまいました。

5万円の損失

脱！トホホ投資家1

新興株との正しい付き合い方とは？

05年、東証マザーズの上昇率はなんと45％。多くの個人投資家が新興株やＩＰＯ（新規公開株取引）で大きな利益を上げました。ところが06年は一転、同指数は57％の下落という悲惨な結果に終わり、新興株メーンの投資家にとっては苦難の年となりました。

こうした環境もあり、今回のアンケート分析では「新興銘柄に投資する投資家は負けやすい」という結果が出ました。もちろん、05年に同じ設問をもうけたら結果は違ったものになったはずでしょう（新興銘柄に適時投資し、大きくもうけた人が勝ち組でした）から、新興株投資そのものを悪者扱いするわけにはいきません。ただし、勝っているニコニコ投資家は「ライブドア・ショック前後で、新興市場に早めに見切りをつけて、東証1部などの大型株に資金をシフトした」ことは確かな事実です。

ＰＥＲを見れば異常事態だと認識できた

とはいえ、ホリエモンだ、ＩＰＯだ、と盛り上がっている状況下で、どうしたら早めに安定大型株へ逃げ

負けている人は**新興株**で勝負していた！

Q 投資銘柄は「**東証1部の大型株**」？「**新興市場の中小型株**」？

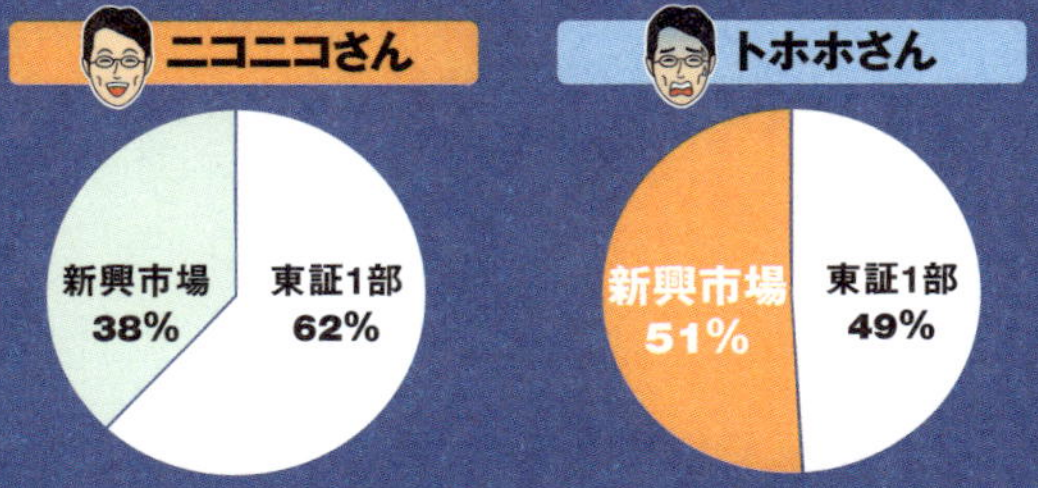

ライブドアショック以降、新興市場は沈みっぱなし。新興派が負ける相場が続いている

ることができたのでしょう。特別難しいことはありません。証券アナリストの松下律さんは「個人投資家にも最もなじみの深い投資指標「ＰＥＲ（株価収益率）」を一つ見ておくだけでも違ったでしょう」と話します。

ＰＥＲは株価が利益に対して、割安なのか割高なのかを判断するときに使われる指標です。一般的に10倍～20倍程度だと低いとされ、投資本などでは「何倍以上なら割高だから売りで、何倍以下なら割安だから買い」という説明がされていたりします。

しかし、05年末の新興株はＰＥＲ１００倍を超える銘柄が続出しており、ＰＥＲ１００倍という明らかな割高株であってもさらに買われました。割高でもおかまいなしに上がる、つまり異常な「バブル」状態でした。ＰＥＲを見ればバブル状態かそうでないかは簡単に判断できるのです。

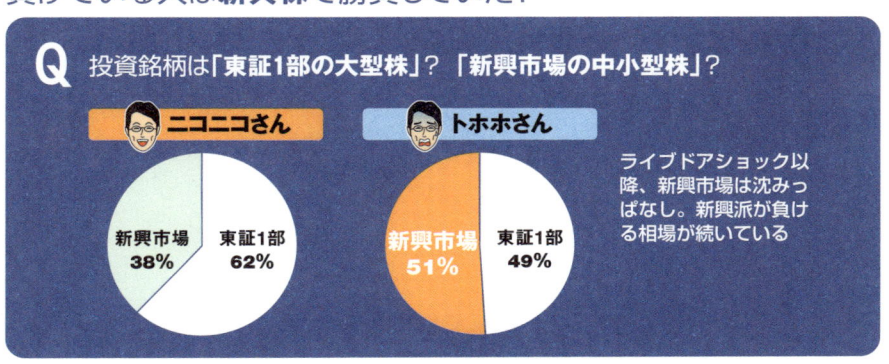

ここで、「バブルの株に投資してはいけない」というわけではありません。バブルの株は危険も隣り合わせですが、通常時ではありえないほど大きくもうけるチャンスもあるからです。ただ、投資行動を「バブル用」に変える必要があります。バブルはふとしたことで崩壊し、容

新興株で失敗…

個人投資家体験談

CASE1

信用2階建て&ナンピンで損失拡大

(30歳・東京都・会社員)

やってはいけない、の典型例かもしれません。信用取引の2階建てで損失を拡大してしまいました。06年9月に買ったインテリジェンスが最大の失敗。毎日1万円ずつ下がり、今度こそ底か、と信用買いを繰り返しました。この1銘柄だけで30万円の損失です……。失ったおカネは値動きの荒い銘柄で取り返そうとしています。

CASE2

新興市場に集中投資で大幅含み損を抱える

(70歳・東京都・無職)

株式投資は50年以上ですが、昨年はひどい目にあいました。新興市場に集中投資していましたが、損切りできないままあっという間に下がってしまいました。持ち株はネットプライス、サイバー・コミュニケーション、クリエイト・レストランツなど。新興市場の銘柄は上昇しだしたらすごいから、気長に待っていますよ……。

赦なく一気にしぼみます。すなわち「すぐに逃げられる準備をしておくこと」が重要になってくるのです。

「PERでバブルなのかそうでないのかを確認する」、そして「バブル化した株に投資する際は早めのロスカットを徹底する」。バブル崩壊に巻き込まれないために、このポイントを肝に命じておきましょう。

新興市場にこだわらず視野を広げていくことが大事

新興市場のバブルはライブドア・ショックで弾けました。その後も買い向かっていく姿がトホホ投資家には多く見られました。「さすがに底だろうと思って買ったら、さらに下がった」という類の失敗談が続出しています。高い株価を知っているだけに、今の株価がお買い得に見えるのだそうです。しかも新興市場が勢いよく2倍3倍と駆け上がっていった05年の相場を覚えていると、反発も大きいだろうと期待してしまう。新興株で損失を大きく抱えた人こそ、新興株で一発逆転を狙ってしまう、という悪循環が起きていました。

ニコニコ投資家はわざわざこの時期に新興株で勝負することはありませんでした。「新興市場には上場に値しないおかしな企業が多く混ざっている。玉石混交で『玉』を見つけるのは困難な作業。わざわざ投資する理由がない」とニコニコ投資家のOさん（33歳・東京都）はいいます。また、フィスコのアナリスト宇野沢茂樹さんは「いまや値幅を取れるのは新興株だけではない。もうけている人には新興市場や東証1部という垣根がありません」と話します。値動きが激しい、当たれば大きいという理由だけでマザーズやヘラクレスの銘柄を狙っていてはいつまでも「脱トホホ」はできません。冷静に業績内容をチェックすること、市場にこだわらず視野を広げて銘柄選びをしていくことが重要になってくるでしょう。

まとめ

1. PERを見てバブルかそうでないかを必ず確認。バブル化した株と承知した上で投資する場合は「早く逃げる」が鉄則
2. 値幅を取れるのは新興株とは限らない。一発狙いをしたいから新興株投資、という考え方は捨てること。市場にこだわらず視野を広げて銘柄を選ぼう

脱！トホホ投資家２
中途半端なチャート分析は卒業しよう

チャート派か、ファンダメンタルズ派か。今回のアンケートで株式投資の勝ち負けに大きく差が出たのがこの項目でした。ファンダメンタルズ派に軍配、という結果が出たのです。無論、ここで短絡的に「チャート分析が悪い」などというつもりはありません。しかし、なぜこのような結果になったのでしょうか。

まず、「チャート重視の投資家の属性に問題がある」といえそうです。「チャート重視」と答えた人は、勉強はあまりしたくない、ギャンブルが好き、といった特徴と相関が高いことが分かっています。そしてもう一つ、チャート派と答えた人の投資歴は短いという傾向がありました。チャートの解説本を読めば売りや買いのシグナルが書いてあることが多く、初心者にとっては業績分析よりもとっつきやすいのかもしれませんが、初心者はチャートの正しい使い方を理解していないという可能性も高いともいえるでしょう。

チャート分析の本質を もう一度おさらいしてみよう

トホホ投資家への取材を通じて、チャート分析を中途半端に使っている人が多い、という印象を受けまし

チャーチストは負けやすいのか？

Q 銘柄選択は**「チャート重視」**ですか、**「業績重視」**ですか？

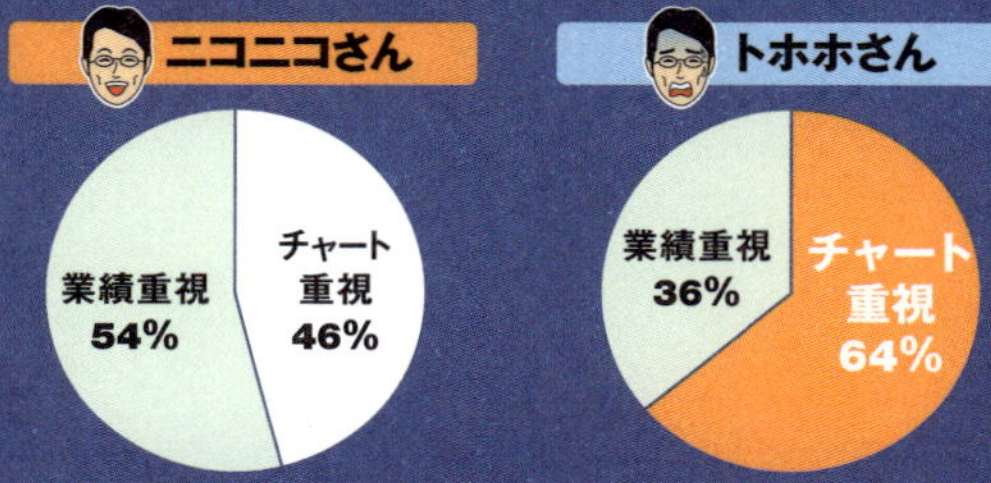

「チャート重視ではもうかりにくい」、というデータが出た。チャート派から非難を浴びそうな結果だが……

チャート派にはほかにもこんな特徴があった

投資歴が短い
初心者度とチャート愛好度は相関関係にありました。簡単そうにみえるからでしょうか。

ギャンブルが好き
慎重派よりも一発狙い派が多いのかもしれません。

勉強はあまりしたくない
業績研究は面倒。シグナルが出たら短期売買して手っ取り早くもうけたい、と考える人が多いようです。

衝動買いが多い
買い物と同様、株も衝動的に売買しがち。売買の回転率の高さとも相関が高くなっています。

た。例えば、東京都在住の個人投資家Oさんは「どの売買シグナルが正解なのかが分からない」と悩んでいました。チャート本をいくつか読み、勝てると書いてあるシグナルで売買を実践してみるものの、書いてあるようにはいかないようです。これはチャート分析の本質を把握できていないためではないでしょうか。マネックス証券投資情報部長の清水洋介さんは「売買シグナル探しでチャート分析をやったつもりになっている人が多いですが、チャート分析の本質はチャートの背景にある投資家心理を読み解くことです」と話します。

　チャート分析の基礎であるローソク足でも、売りや買いの「形」を一生懸

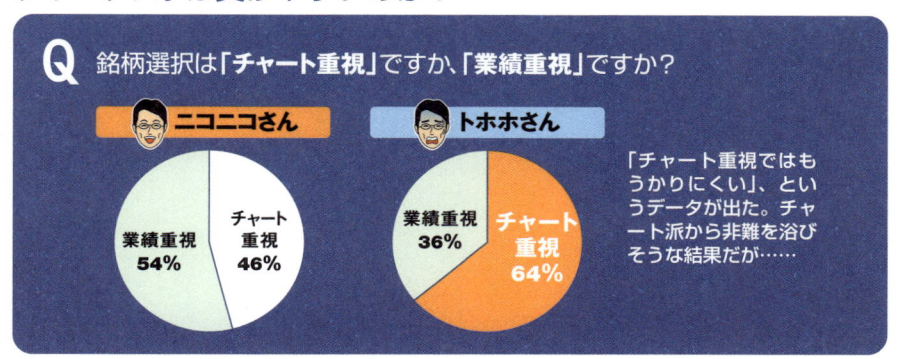

命覚えて、その形を探そうとしていませんか？　それではいつまでたっても上達しません。どうしてその形になったのか、その背景の心理まできちんと考えることが必要です。ローソク足の「上ひげ」が出た場合を考えてみましょう（左ページ）。「上ひげが出たから下がる」という短絡的な理解だけではいけません。この1本のローソク足は「買いたい人が押し寄せていったん盛り上がったが、買いたい人がいなくなってからは勢いが失速、始値よりも安く終わった」という状況を示しているのです。ローソク足チャートをみるときは、こうした投資家心理を想像しながら見るクセをつけていきましょう。

チャート分析を中途半端に使ってしまっている例として、もう一人個人投資家Ｓさんの事例を見てみましょう。トレンドの転換や勢いを見るＭＡＣＤに買いシグナルが出たので買った銘柄なのに、その後ＭＡＣＤで売りシグナルが出てもつい欲を出して「業績はいいから」という別の理由で保有を続けてしまったそうです。大和住銀投信投資顧問のファンドマネジャー窪田真之さんは、「チャートで買いを決めたなら、売るときも同じチャート分析で首尾一貫させなさい」と指摘します。

左にも挙げたように、チャートを見るときに少しでも業績についての情報があると、それが先入観となって正しいチャート分析を妨げることがあります。チャートとファンダメンタルズの両刀使いは、いいとこ取りのように見えて結局チャート分析の狂いを招いてしまう危険もあるのです。チャート派ならチャートに徹することが重要、このことは勝っているチャーチストの姿を見ても確かにいえることのようです。

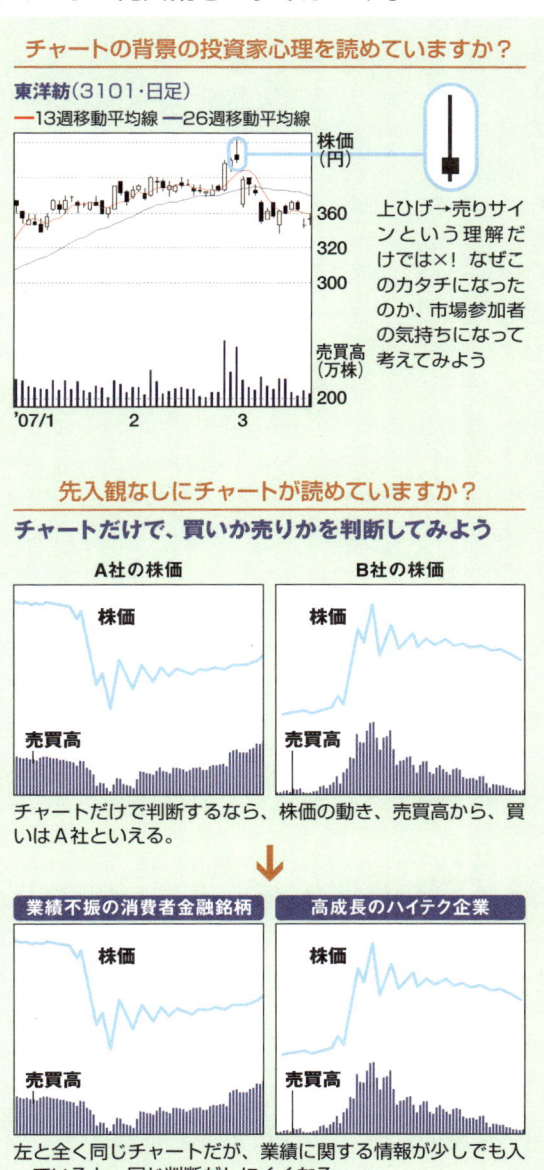

まとめ

1. チャート分析の本質は「背景にある投資家心理を読み解くこと」。本質を忘れてシグナル探しに没頭していては×
2. チャート派なら首尾一貫してチャートに徹すること。中途半端な業績の知識は先入観となりチャート分析を狂わせる

チャートに先入観をいれてはいけない

チャートの背景の投資家心理を読めていますか？

先入観なしにチャートが読めていますか？

チャートだけで、買いか売りかを判断してみよう

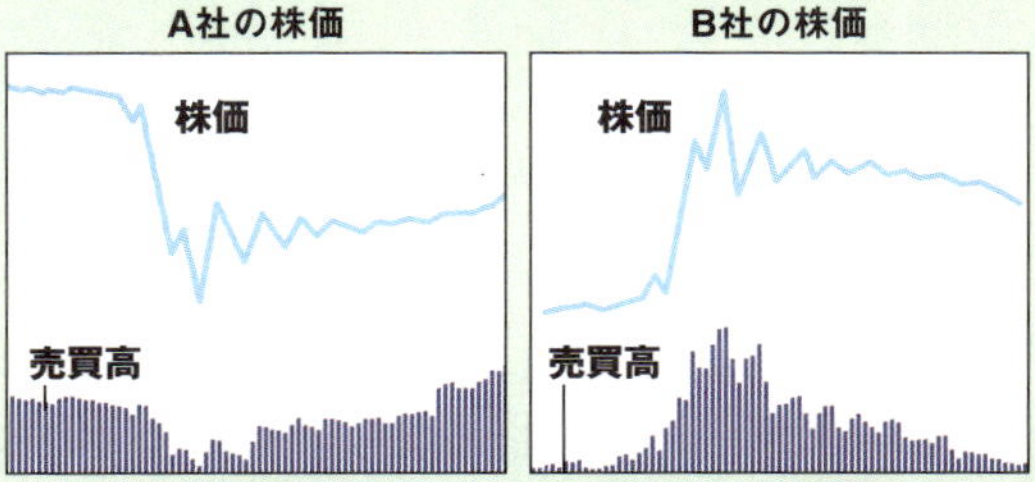

チャートだけで判断するなら、株価の動き、売買高から、買いはA社といえる。

↓

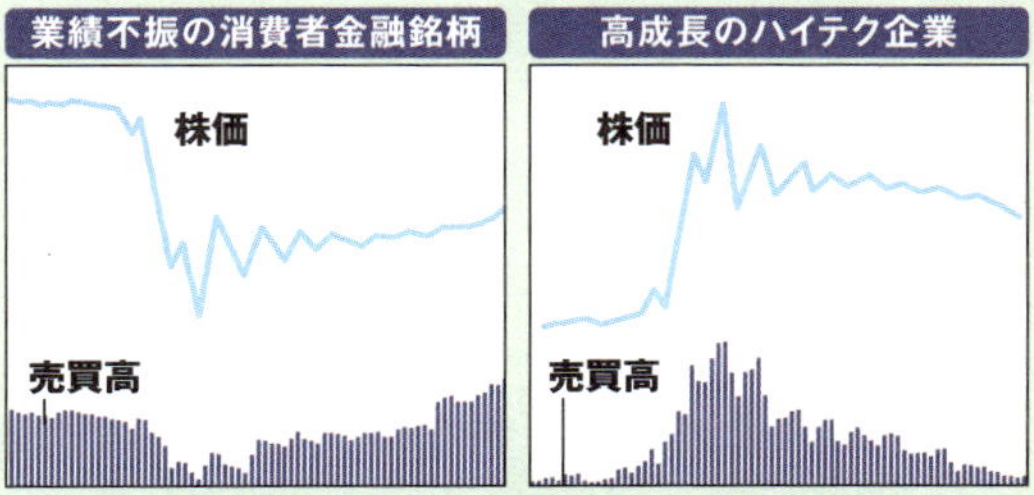

左と全く同じチャートだが、業績に関する情報が少しでも入っていると、同じ判断がしにくくなる。

脱！トホホ投資家3

正しい損切り方法を身につけよう

株式投資では「損切り」が重要――。投資入門書にはたいてい書いてあることですが、トホホ投資家からは「損切りがうまくできない」というお悩みが集まりました。同様に、利食いのタイミングを計ることができない、という声も多いです。アンケートで集まった声の中から、売りタイミングの失敗ケースを次のようにいくつかにパターン分けしてみました。それぞれの対応策を考えてみましょう。

パターン1：損切りラインを決めていなかった

●失敗例　福井県在住　Mさん（43歳・男性）

ダイナシティ、デジタルアーツなどの新興株に投資。特に損切りルールを決めておらず、「値動きが軽いからそのうち戻るだろう」と楽観視してるうち、ごろごろと坂を転げ落ち……、結局塩漬けにしてしまい身動きがとれなくなってしまいました。60万円の損失です。

06年の新興株の下落局面でありがちなパターンでした。05年の上昇相場から参入した初心者さんに多い失敗かもしれません。損切りは自分の間違いを認めなくてはいけないつらい行為です。何らかのロスカットルールを決めていないと、どうしても感情に左右されてしまいます。長期保有と決めていない場合は、損切りルールを決めずに投資するのは危険です。

パターン2：せっかく決めたルールなのに守れない

●兵庫県在住　Tさん（38歳・男性）

早めの損切りを意識し、1銘柄あたり数千円台の損で引き上げるようにしていましたが、突発的な急落などでは「さすがに下げすぎだろう」などと戻るのを期待して持ってしまうことがあります。そして含み損が耐え切れないほど大きくなったときに売却。今年2月の世界同時株安でもこのパターンに陥り、住金で15万円損を出してしまいました。

せっかく決めたルールなのに、自ら勝手に変更してしまった残念なケースです。ルールは守ってこそ、です。このような優柔不断気味の人は、ネット証券の逆指値機能を使うのがいいでしょう。自分の欲に左右されず、機械的に損切りや利益確定ができるので使いこなせば便利です。ただし、逆指値の使い方にもコツがあります。後で詳しく説明します。

パターン3：ルールの設定水準が間違っている

●愛知県在住　Fさん（42歳・男性）

投資入門書には「損切りや利食いに一定のルールを」「損は早く、利益は伸ばせ」と書いてあったので、「買値からマイナス5％で損切り売り、プラス20％で利食い売り」と決めてみました。……ところが、実際やってみると、大抵値上りしても20％までは到達せず、結局ズルズルと下落して損切りの方のラインにばかり引っかかってしまいます。ちょこちょこ損切りばかりが積み重なって全然もうかりません。

ルールを決めても負けるのはなぜ？

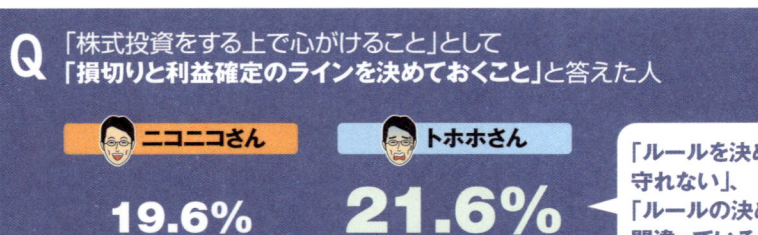

Q 「株式投資をする上で心がけること」として
「損切りと利益確定のラインを決めておくこと」と答えた人

ニコニコさん	トホホさん
19.6%	21.6%

「ルールを決めても守れない」、「ルールの決め方が間違っている」ことが背景にあると考えられる

リスク管理意識があるのはよいのですが、損切りライン、利食いラインの設定方法に問題があるようです。一定にするのではなく、個々の銘柄の値動きや投資期間によって、設定ラインを変えるべきです。数日程度の短期投資のつもりなら、20％の値上がりは通常期待できませんのでもっと低い水準で利食いする必要があるでしょうし、中長期投資の場合では5％の損切りラインでは水準が浅すぎます。まず自分の投資スタンスを明確にしましょう。

パターン2、3のケースを見ればわかるように、「ルールを決めればそれで勝てる」というわけではないようです。実際にアンケートでも、「株式投資をする上で心がけること」として「損切りと利益確定のラインを決めておくこと」と答えた確率は、負け組の方が多い、という結果が出ています（上を参照）。

「逆指し値で損切り」を正しく使いこなすには

損切りルールは決めているものの「いざとなると損切りする勇気が

逆指し値って何？

通常の指し値とは逆、つまり「株価が○○円以上になったら買い」、「株価が△△円以下で売り」とする注文方法。「下落局面で損失が拡大する前に売る」「上昇局面入りしたら、勢いについて素早く買う」ことが可能になる。

逆指し値の売り

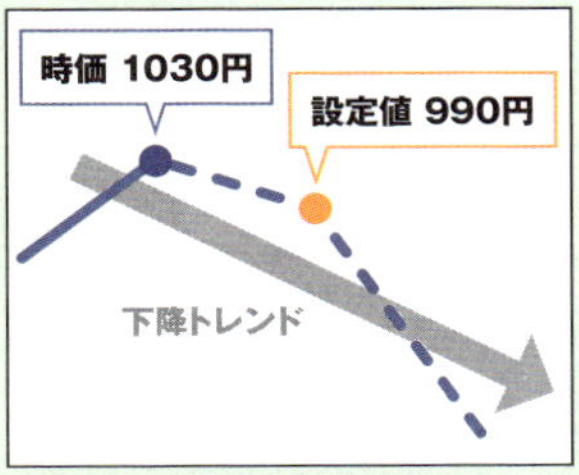

→利益を確保し損を最小限に

逆指し値の買い

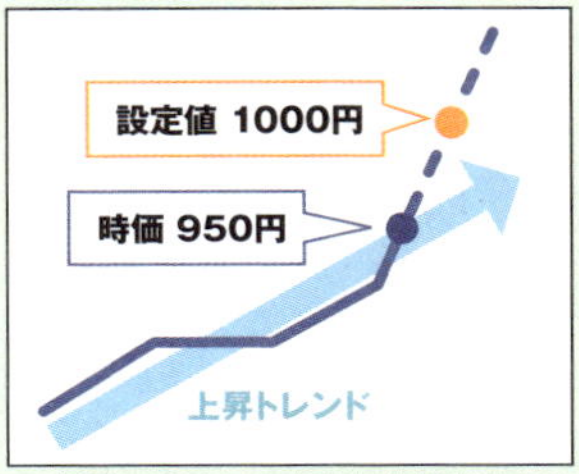

→上昇トレンドへの変化を見逃さない

ない」というような優柔不断な人にオススメなのが、ネット証券の「逆指し値」です。逆指し値とは通常の指し値とは逆、つまり「株価が一定より下がったときに売り、株価が一定まで上がったときに買い」という便利な注文方法。個人投資家からのニーズが高く、多くのネット証券で使えるようになってきました。

　ところが、アンケートの中で「ネット証券選びに逆指し値などの自動売買機能を重要視するか」という設問を見ると、負け組の比率が多い、という意外な結果が出ています。「自動売買は損する」というわけではなく、「損してきた人が自動売買の必要性を実感している」または「自動売買に使い方が間違っている」のではないでしょうか。実際に、トホホ投資家さんからは「保有銘柄に安全弁として売りの逆指し値を設定しておいたら1日の値幅だけで次々に約定してしまった」などの失敗談を聞きました。

「逆指し値の使いこなしにはコツがある」とカブドットコム証券の臼田琢美さんは話します。「逆指し値売り」の注意点、活用法を、いくつか挙げてみましょう。

1 個々の銘柄の値幅を確認して指し値の価格を設定すること

値動きのクセは個別の銘柄によって当然違うものです。「現在値からどのくらい下に逆指し値を設定するか」は過去のチャートを見て、想定値幅を予想した上で決めましょう。通常の1日の値動きだけで約定してしまうような〝浅い〟ラインでは、無駄に売買回数だけが増え、効率が悪くなってしまいます。

2 逆指し値売りが失敗したら、すぐに買い戻せばいい

何か突発的な急落で設定していた逆指し値が約定したのに、再び上昇に転じてしまうことがあります。〝たまたま引っかかってしまった〟など、逆指し値が失敗したとき、「あー、損したな」で終わらず、すぐに買い戻しに動けばいいのです。これは個人投資家が意外と見落としがちなポイントです。

3 トレーリングストップで利益拡大化を狙う

逆指し値の使い道は損切りだけではありません。株価の上昇に合わせて逆指し値の価格を切り上げていく「トレーリングストップ」は利益確定に有効な手法です。「利食いが早い」とお悩みの人にはオススメの手法です。

トレーリングストップで売りを遅らせる

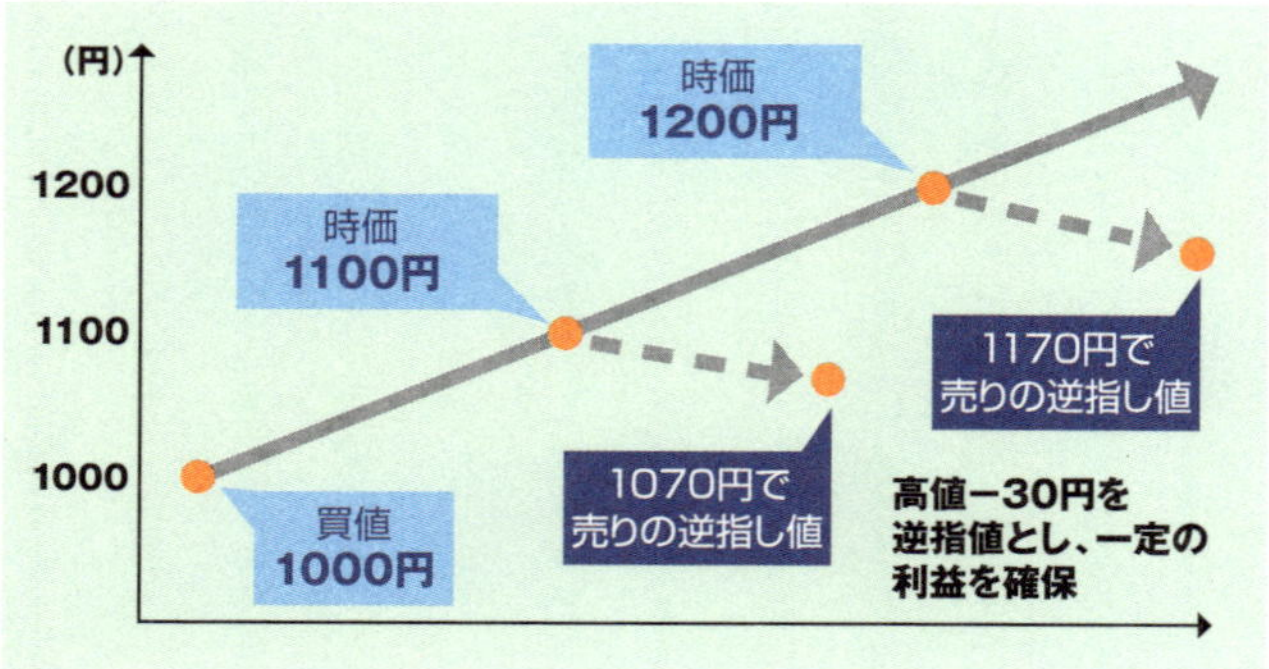

まとめ

1. 投資前に、損切り・利食いのルールを決めておくのは基本だが、ルールの決め方は個別の銘柄の事情に合わせ柔軟に設定すること
2. 「逆指し値」は正しい使いこなし方を理解してこそ、サラリーマン投資家の強い味方となる

脱！トホホ投資家４

ケータイ無駄売買は卒業しよう

平日日中に仕事を持つサラリーマン投資家の多くは「ケータイトレーダー」だと思います。ネット証券のモバイル機能は日々洗練されてきていますし、携帯電話自体のスペックも向上していますから、ケータイでの売買を頻繁にされる人も多いのではないでしょうか。

ところが、今回の調査では、「証券会社選びでモバイル機能を重視する人はリターンが悪い」ということが判明しました。なぜこのような結果になったのでしょうか。

携帯の存在が適当な売買が増える原因に

トホホ投資家への取材を進めていく中でも、確かにケータイトレーダーが多い印象を受けました。彼らに共通していたのは「衝動的な売買が多い」ということです。移動中でも、トイレでも、ケータイなら、手軽に株価がチェックできます。しかし、いくら機能が進化したとはいえ、決算書を読んだり、チャートの細部まで確認したりすることはできません。ケータイが手元にあるせいで、ろくな研究をしないまま、中途半端

負け組にケータイトレーダーは多い

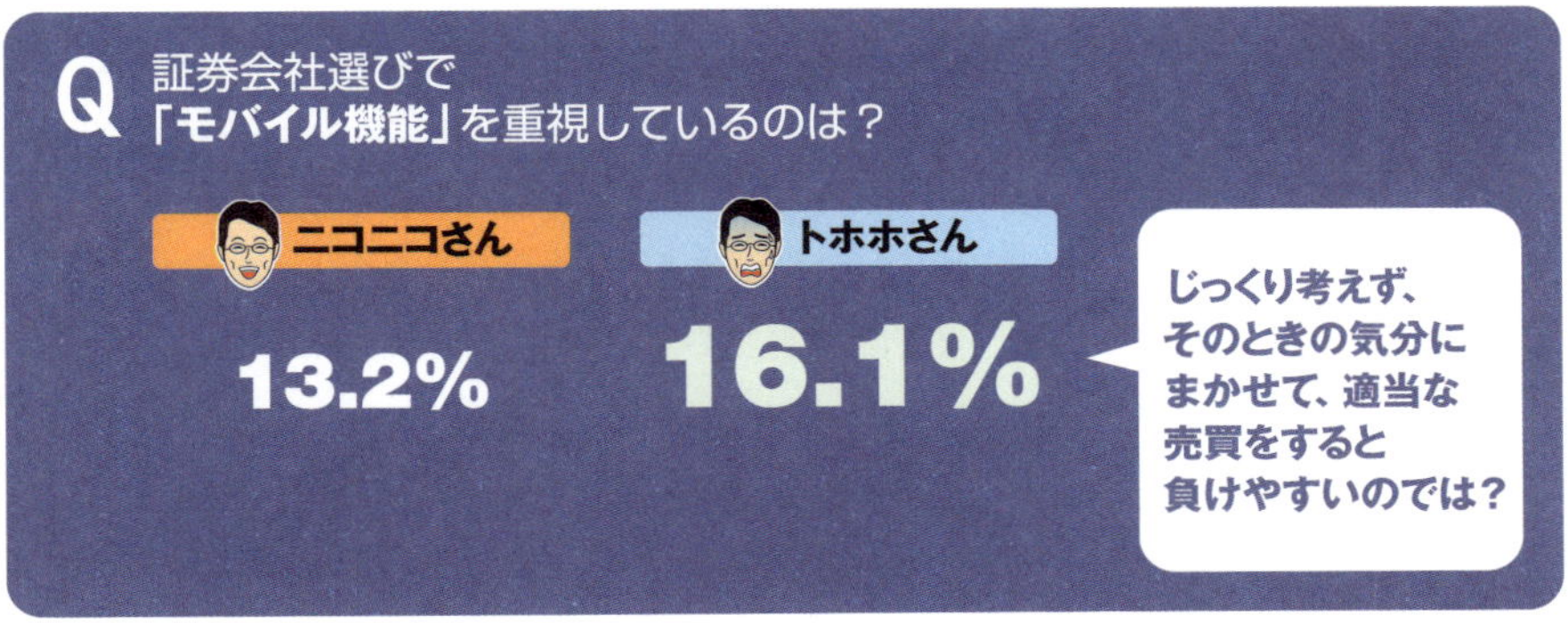
Q 証券会社選びで
「モバイル機能」を重視しているのは？
ニコニコさん
13.2%
トホホさん
16.1%
じっくり考えず、
そのときの気分に
まかせて、適当な
売買をすると
負けやすいのでは？

な情報だけで飛びついて売買することにつながるのではないでしょうか。トホホ投資家の多くはこうした衝動的な売買で自分の傷を深くする傾向にあります。普段からよく研究している保有銘柄の売買ならともかく、少なくともケータイで新規銘柄の買いや売りを手がけることは控えたほうがよさそうです。

他にも、アンケートでは面白いデータがでています。「株式投資をする上で心がけていること」という設問に対し、「保有銘柄の値動きやチャートを定期的にチェックする」と回答した人は、ニコニコさん32・4%、トホホさん38・1%という結果になりました。意外に思えますが、ケータイなどから頻繁に株価やニュースがチェックできるために、目先の動きにとらわれた売買が多くなってしまうのかもしれません。

また、「証券会社選びで重視すること」という設問に対し、「手数料の安さ」を挙げるのもトホホさんに多い傾向でした。ニコニコさん77・3%に対し、トホホさんでは85・7%にものぼります。「手数料が安いからまあいいか」という安心感からさほど深く考えず、過剰に売買しがちになる、ということもいえるでしょう。

ケータイトレードの便利さや手軽さゆえに、無駄な売買が増えて結果的に損をし、株価が気になって本業にも身が入らないようなことになっては本末転倒です。仕事の片手間でゲームのように適当に売買をしてもうけられるほど株式投資は甘いものではない、ということをまずは頭にいれておくべきでしょう。

ケータイトレードで失敗…

個人投資家体験談

ケータイトレードで170万円の損

（27歳・東京都・会社員）

出社時の電車の中、お昼休みの移動中など、ヒマな時間はケータイのアプリを使って売買していますが、振り返ると、裏目に出てますね。出勤前、寄り付き前の板情報だけを見て注文したが、昼休みに見たら状況が一変していたということも。狼狽売りもよくやります。なぜ下がっているか、までは考えずにケータイで株価だけを見て焦って売ってしまいます。そんな短期売買を繰り返し、06年の2月以降、170万円の損失をこうむってしまいました。

まとめ

1. ケータイで売買すると適当になりがち。特に新規銘柄の買いは控えたほうがいい
2. 仕事の片手間に手がけてもうかるほど株式投資は甘くない。ゲーム感覚の株式投資は卒業しよう

脱！トホホ投資家5

玉石混交の情報にいい加減だまされるな！

ネット掲示板は落とし穴だらけ

ニコニコさんとトホホさんの行動の違いでかなり大きく差が出たのは、銘柄選びの情報源で「ネット掲示板」を使っているか、という項目です。ニコニコさんは13・8％、トホホさんでは22・4％という結果でした。これに関しては言わずもがな、という気もしますが……。

ネット掲示板の情報はノイズだらけです。投資顧問会社や情報商材の広告や、負けている人のポジショントーク……。ウソと本当が入り乱れている掲示板のなかから正しい情報を見抜くことはかなり困難です。自分の都合のいい情報だけを鵜呑みにして、正常な投資判断の妨げになるでしょう。

他人の意見に流されやすい人は、一切みない、と決めたほうがいいでしょう。一方、ネット掲示板を賢く利用する人も中にはいます。「内容はともかく、掲示板の投稿数が多くなってきたら個人投資家の参加者が多くなってきたと読める」と話す勝ち組投資家もいました。「決算発表が何時からか」ということをＩＲに確認して書き込んでくれている場合もあったりします。

板情報は サラリーマン投資家には不要

また、売買の決め手として「板情報」と答えた人はトホホさんに多い、という結果が出ました（ニコニコさん12・0％、トホホさん15・3％）。この結果を見て、プロは「板情報は一般投資家が使うのは難しい」と声をそろえます。見せ板などのだましがあったりするからです。（左ページ図参照）

板情報はディーラーやデイトレーダーが1日中見て参考にするものであって（上手いディーラーは板なんか見ない、という声もあります）、サラリーマン投資家がお昼休みや寄り付き前に一時的に見ても、役に立つどころか、害の方が多いかもしれません。確かにチカチカ動く板情報は見ていて面白いものです。とはいえ面白がることともうけることは別物ですよね。板情報を見る時間を、ほかの勉強に使ったほうがよほど効率的でしょう。

とはいえ、サラリーマンが板情報を活用する方法がまったくないかというとそうでもありません。勝ち組投資家の取材で聞いたのは「節目に注目する」という技でした。過去のチャートで「節目」の株価をチェックしておき、その株価に近づいたときだけ板情報を見ます。節目の株価は大抵厚い板になっていることが多いので、そこを突破できるかどうかで株価の動きを占えます。もし厚い板を消化できたら上昇方向に、消化できなかったら流れは下落方向にいく、と読めるわけです。

まとめ

1. 掲示板はウソが入り乱れている場。勝っている人はわざわざチェックしていません
2. 板情報から分かることは少ない。板情報を見る時間があれば、別の勉強で投資力を磨こう

ネット掲示板にはノイズがあふれている!

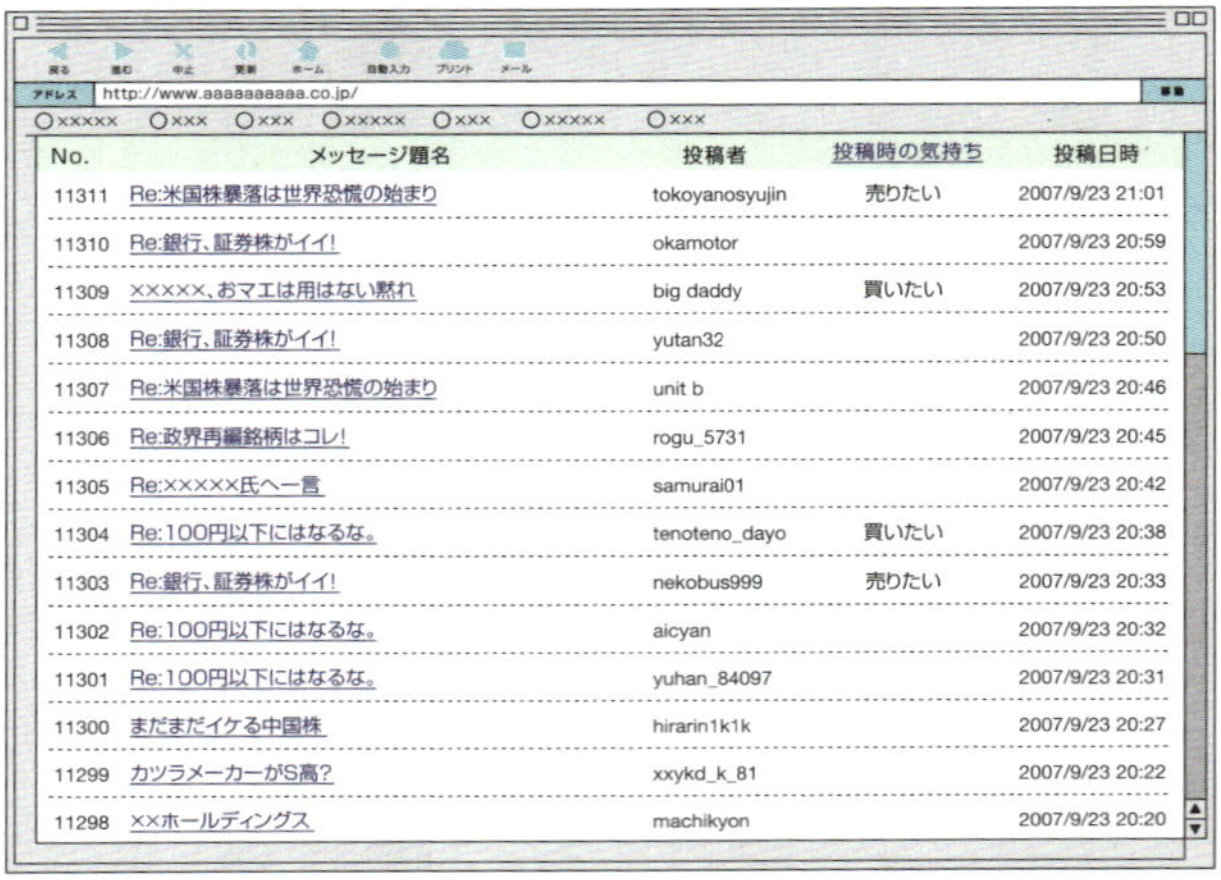

No.	メッセージ題名	投稿者	投稿時の気持ち	投稿日時
11311	Re:米国株暴落は世界恐慌の始まり	tokoyanosyujin	売りたい	2007/9/23 21:01
11310	Re:銀行、証券株がイイ!	okamotor		2007/9/23 20:59
11309	×××××、おマエは用はない黙れ	big daddy	買いたい	2007/9/23 20:53
11308	Re:銀行、証券株がイイ!	yutan32		2007/9/23 20:50
11307	Re:米国株暴落は世界恐慌の始まり	unit b		2007/9/23 20:46
11306	Re:政界再編銘柄はコレ!	rogu_5731		2007/9/23 20:45
11305	Re:×××××氏へ一言	samurai01		2007/9/23 20:42
11304	Re:100円以下にはなるな。	tenoteno_dayo	買いたい	2007/9/23 20:38
11303	Re:銀行、証券株がイイ!	nekobus999	売りたい	2007/9/23 20:33
11302	Re:100円以下にはなるな。	aicyan		2007/9/23 20:32
11301	Re:100円以下にはなるな。	yuhan_84097		2007/9/23 20:31
11300	まだまだイケる中国株	hirarin1k1k		2007/9/23 20:27
11299	カツラメーカーがS高?	xxykd_k_81		2007/9/23 20:22
11298	××ホールディングス	machikyon		2007/9/23 20:20

だましのカラクリ

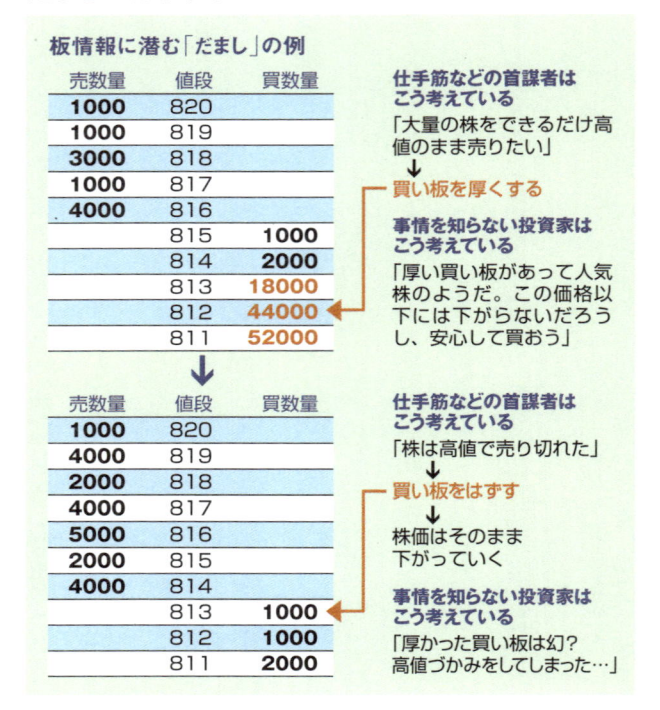

板情報に潜む「だまし」の例

売数量	値段	買数量
1000	820	
1000	819	
3000	818	
1000	817	
4000	816	
	815	1000
	814	2000
	813	18000
	812	44000
	811	52000

仕手筋などの首謀者はこう考えている

「大量の株をできるだけ高値のまま売りたい」

↓

買い板を厚くする

事情を知らない投資家はこう考えている

「厚い買い板があって人気株のようだ。この価格以下には下がらないだろうし、安心して買おう」

↓

売数量	値段	買数量
1000	820	
4000	819	
2000	818	
4000	817	
5000	816	
2000	815	
4000	814	
	813	1000
	812	1000
	811	2000

仕手筋などの首謀者はこう考えている

「株は高値で売り切れた」

↓

買い板をはずす

↓

株価はそのまま下がっていく

事情を知らない投資家はこう考えている

「厚かった買い板は幻?高値づかみをしてしまった…」

脱！トホホ投資家6
自分だけの勝ちワザを持とう

ここまで、アンケート分析と徹底取材であぶりだされたトホホ投資家の行動の問題点と、改善方法を紹介してきましたが、一方で、日経マネー編集部では勝っている方の個人投資家にも直接取材し、彼らがなぜ負けなかったのかを探ってきています。

24ページで紹介したように、「東証1部銘柄で勝負し、ファンダメンタルズを丁寧に分析し、じっくり投資する」のが王道のニコニコ投資家の姿なのですが、中には「新興株でも勝てた」という人や、「業績は見ないでチャートだけ」という人もいました。彼らに共通していたのは、試行錯誤の上「自分だけの勝ちパターン」を確立させていて、決めたパターンにしっかり従って投資している、ということでした。

ここでは、「脱・トホホ投資家」の6つ目のステップとして、オリジナルの投資法で成功してきていた3人の勝ち組投資家を紹介します。トホホ投資家から脱出するためには、問題行動を矯正することも大事ですが、最終的には「自分だけの勝ちパターン」を作ることが必要になってくるはず。彼らの体験談を参考にして、あなたも自分に合った勝ちパターンを探してください。

1 新興株投資でもプラス30％……高橋恵太さん（仮名・47歳・那覇市在住・男性）

06年は散々だった新興株。44ページでも、新興株投資で失敗した人たちの姿を紹介してきました。そんな中、新興株メーンの投資で勝ち続けているのが高橋さんです。過去1年間の投資成績はプラス30％だというから、なかなかのもの。

手法を聞いてみると、IPO（新規公開）銘柄のブックビルディングに申し込むことと、値動きのいいIPO直後の銘柄をデイトレードすること、この2つだそうです。「臆病なので割高だと思ったら手を出さないし、臆病だからすぐに手じまう」と自分の性格に合った投資方法で進めている高橋さん。割高ではないかを必ずチェックしているため、05年末のバブル状態の新興株には全く手を出さなかったそうです。

また、高橋さんはケータイトレーダーでもあります。58ページではケータイの売買はよくない、と述べましたが、高橋さんは上手く使いこなしているようです。その秘訣は「無理をしないこと」。会社ではトイレや休憩中に売買しているそうですが「大事な会議があるなど、余裕のない日は絶対にやらない」といいます。売買する銘柄数も、無理のない2銘柄まで、と決めているそうです。

高橋さんの勝ちパターン

- **新興株でも割高なものには手を出さない**
- **余裕のない日、乗らない日はトレードしない**

2 酒田罫線を駆使するチャートの達人

……Cityさん（ハンドルネーム・41歳・東京都在住・男性）

48ページの分析でも判明したのは「中途半端なチャート分析では負ける」ということですが、Cityさんはチャートに徹して勝っている投資家の代表といえるでしょう。

まず、Cityさんが大事にしているのが、チャートの基本「ローソク足」の考え方。ローソク足1本1本から、市場参加者の心理、需給の読み取りに力を注いでいるといいます。

具体的に参考にしているのは江戸時代から伝わる投資手法「酒田罫線」。ローソク足の組み合わせ「足形」を売り買いの指標とするものです。「江戸の米相場の時代から平成の今まで残っているのはダテじゃない」と、Cityさん。なんとライブドア・ショック前にしっかり酒田罫線には売りサインが出ていたといいます。

酒田罫線に加え、Cityさんは独自の売買判断基準を持っています。それは、自分で編み出した株価の一定の波「周期」を捉える方法。この法則を生かして、新日鉄も3月の高値880円でしっかり売ることができたそうです。

具体的なその周期の見つけ方は「企業秘密」。Cityさんいわく「〝勝てるシグナル〟などと投資本に載った時点でそのシグナルでは勝てなくなる」。確かに納得です。自分だけのチャートのシグナルを持ててこそ、チャートの達人、なのでしょう。

Cityさんの勝ちパターン

- **古くから残る「酒田罫線」を使いこなす**
- **自分で編み出したオリジナルの売買基準「周期」に従う**

3 規則正しい生活で相場を定点観測

……井手康弘さん(仮名・36歳・神奈川県在住・男性)

ライブドア・ショックの後に株式投資を始めたという井手さん。投資スタンスは短期だそうです。アンケートの分析によると、短期投資は負けやすい、という結果もありますが、井手さんは元手の150万円を1年で260万円にできたのです。

その秘訣は「規則正しい生活」にあるようです。看護師、という職業柄、出勤時間は朝早くか夜遅く、とまちまちですが、株の売買時間はいつも決めているそうです。朝の9時前には米国の動向を必ずチェックして、その日の日本市場の動きを予測。そして注文する場合は指し値を入れておきます。日勤ならそのまま出勤し、夜勤明けなら就寝。方向感が分からないときは勝負は見送ります。このように、いつも同じ時間に相場を定点観測してくることがプラスに働いているそうです。

井手さんの勝ちパターン

・いつも同じ時間に相場を定点観測、短期売買に徹する

column

安定運用の勝ち組投資家から聞いた！あんしん銘柄発掘方法とは？

安定派・勝ち組投資家
吉本誠司さん（仮名・42歳）
金融資産：3,000万円
運用リターン（過去1年）：15％

取材で出会った勝ち組投資家の吉本さん。年5％目標の分散投資で55歳までに1億円を目標に、という極めて安定的な投資を実践しており、現在金融資産は3000万円。日本株でも安定運用を心がけているという吉本さんに、安心して預けられる日本株の銘柄選びの方法について教えてもらいました。

「日経・優良企業ランキング」を参考にチャレンジングな企業を探す

吉本さんの銘柄選びの基準は

業界のリーディングカンパニー	同業他社に比べて割安	チャレンジングな企業

の3つ。3つ目のチャレンジングな企業という視点が面白いです。チャレンジングな企業を探すとき参考にしているのが、日経新聞の「優良企業ランキング」だそうです。日本経済新聞社と日経リサーチが共同開発した多角的企業評価システム「PRISM（プリズム）」によるランキングで、「収益・成長力」「開発・研究」「柔軟性・社会性」「若さ」の四つの分野から企業を評価しています。

吉本さんはこの中で「柔軟性」や「若さ」に注目。吉本さん自身が、20年間、1部上場企業のサラリーマンとして「優れた会社は歴史があると同時に、柔軟性と若さがある」と感じてきたそうです。皆さんも参考にしてみてはいかがでしょうか？

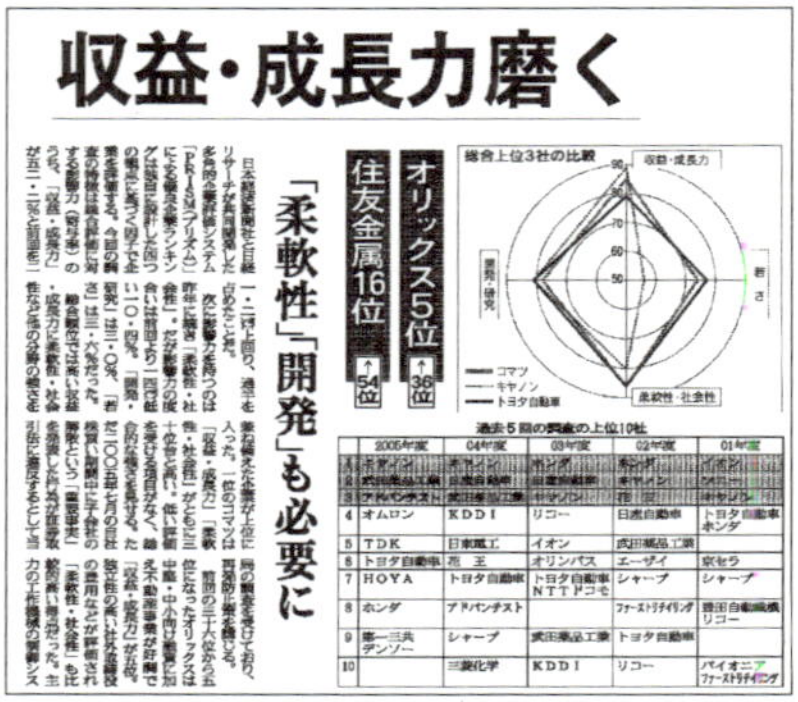

過去5回の調査の上位10社

	2005年度	04年度	03年度	02年度	01年度
1	キヤノン	キヤノン	ホンダ	ホンダ	[illegible]
2	武田薬品工業	日産自動車	日産自動車	キヤノン	[illegible]
3	アドバンテスト	武田薬品工業	キヤノン	花王	キヤノン
4	オムロン	KDDI	リコー	日産自動車	トヨタ自動車 ホンダ
5	TDK	日東電工	イオン	武田薬品工業	
6	トヨタ自動車	花王	オリンパス	エーザイ	京セラ
7	HOYA	トヨタ自動車	トヨタ自動車 NTTドコモ	シャープ	シャープ
8	ホンダ	アドバンテスト		ファーストリテイリング	豊田自動織機 リコー
9	第一三共 デンソー	シャープ	武田薬品工業	トヨタ自動車	
10		三菱化学	KDDI	リコー	パイオニア ファーストリテイリング

プリズムのランキングは年1回（3月ごろ）発表されています

第4章

お金持ちが買っている銘柄＆金融商品

06年後半からの上昇率が１００％を超える新日鉄

06年から07年初にかけて、もうけた人はどのような銘柄を買っていたのでしょうか。また、個人投資家はどのような銘柄に関心を持っているのでしょうか。アンケートでは「06年後半から07年初にかけて利益が出た銘柄」「保有はしていないが、関心を持っている銘柄」を質問しました。左の表はそれぞれの質問で回答が多かった上位15銘柄です。

利益が多かった銘柄の1位は新日本製鉄（証券コード５４０１）でした。同社の株価は06年6月14日に３７０円まで下がりました。しかし、国内外の鋼材需要の拡大や、巨大鉄鋼メーカー「ミタル・アルセロール」誕生による業界再編の思惑などから株価は急浮上。07年3月には９００円の高値をつけました。この間の上昇率は１００％を超えました。４００～５００円の値上がり益は享受できなくても、一定の値幅をうまく取ることができたようです。ほぼ同数の2位となったのがトヨタ自動車（証券コード７２０３）。資産株として長期保有している投資家も多いことでしょう。

この2銘柄は、「関心を持っている銘柄」でも1位と2位になりましたが、全体的に利益が出た銘柄と関心を持っている銘柄の顔ぶれは似通っています。後者は①以前は保有していたが、既に売却した②保有したことがない――という二つのケースがあり得ますが、いずれにしても株価が上昇している銘柄のトレンドに乗ってもうけたいという順張り的な投資を好む傾向が読み取れます。

現在保有していないが、関心がある銘柄上位15

順位	銘柄名（市場コード）	回答数
1	トヨタ自動車 （東証1部7203）	339
2	新日本製鉄 （東証1部5401）	316
3	任天堂 （大証1部7974）	230
4	ソフトバンク （東証1部9984）	168
5	ソニー （東証1部6758）	92
6	キヤノン （東証1部7751）	85
7	ホンダ （東証1部7267）	77
8	三洋電機 （東証1部6764）	76
9	コマツ （東証1部6301）	73
10	三菱UFJフィナンシャル・グループ（東証1部8306）	66
11	双日 （東証1部2768）	53
12	三菱商事 （東証1部8058）	53
13	楽天 （ジャスダック4755）	44
14	SBIホールディングス （東証1部8473）	41
15	武田薬品工業 （東証1部4502）	39

06年後半から利益が最も多かった銘柄上位15

順位	銘柄名（市場コード）	回答数
1	新日本製鉄 （東証1部5401）	256
2	トヨタ自動車 （東証1部7203）	248
3	ソフトバンク （東証1部9984）	104
4	SBIホールディングス （東証1部8473）	85
5	楽天 （ジャスダック4755）	82
6	ソニー （東証1部6758）	81
7	任天堂 （大証1部7974）	77
8	キヤノン （東証1部7751）	72
9	双日 （東証1部2768）	69
10	コマツ （東証1部6301）	69
11	JAL （東証1部9205）	62
11	NTTドコモ （東証1部9437）	62
13	JFEホールディングス （東証1部5411）	58
14	三菱商事 （東証1部8058）	57
15	松井証券 （東証1部8628）	55

トヨタ（7203・週足）

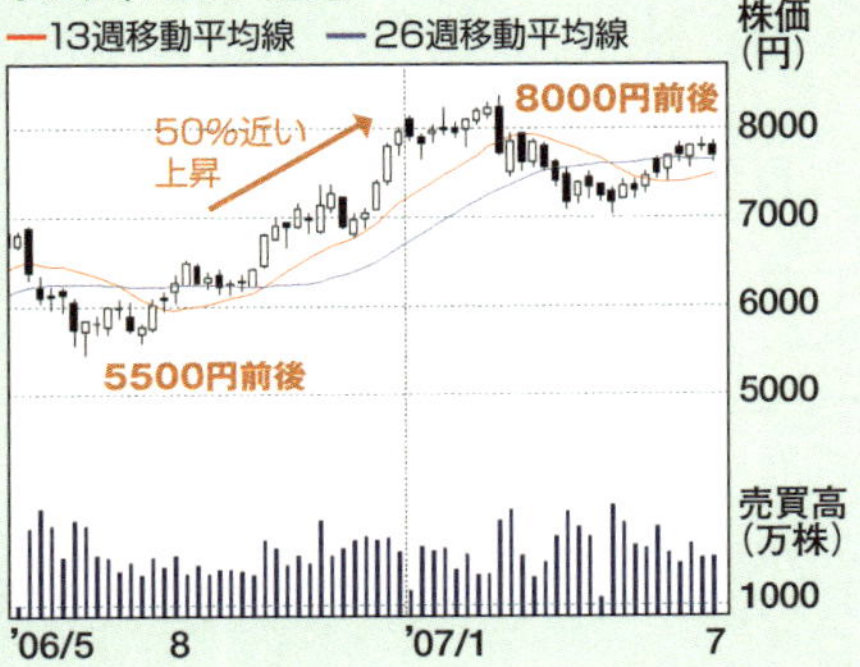

新日本製鉄（5401・週足）

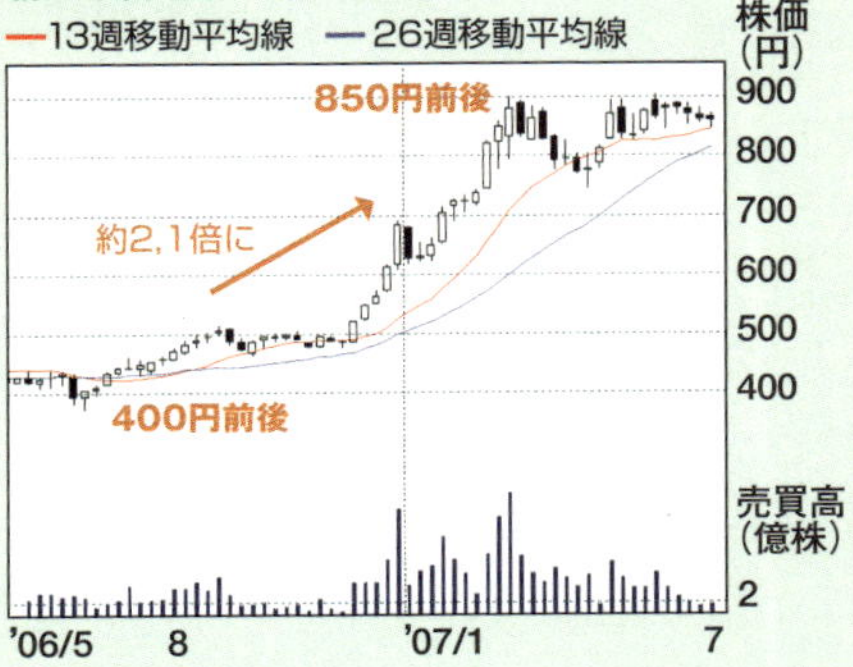

「塩漬け銘柄」どうするゼミナール

06年から07年にかけ、値上がり益（含み益）を享受できた銘柄もあれば、株価が下がって損失を被った銘柄もあることでしょう。

株式投資では「損切りルールを設ける」のが鉄則といわれます。利益を拡大させることも大切ですが、損失をいかに最小限に抑えるかが全体での勝率アップにつながるからです。「買値から○%下がったら売る」「○万円を割ったら売る」というルールを自分なりに設け、傷が浅いところで損切りできればいいわけです。

しかし、予想以上に株価が下がって売りのタイミングを逃し、結果的に塩漬けとなってしまうことも多くあります。ここでは、個人投資家がどういった銘柄を塩漬けにしているのかを見てみましょう。

編集部では、今回の個人投資家アンケートで「塩漬けになっている銘柄があれば一つ書いてください」と質問してみました。左の表は回答数が多かった15銘柄です。

1位になったのはＵＳＥＮです。本誌06年10月号（06年8月21日発売）で行った個人投資家アンケートでも同じく1位でした。06年7～8月に１０００～１５００円近辺で下げ止まってから、同社の株価はあまり動いていません。その時期から保有しつづけている投資家も多いと思われます。07年5月に株価は１０００円を割り始め、現在のところ、浮上の兆しは見えていないようです。

株価が大きく下がった銘柄のすべてが塩漬けになるかというと、そうも限りません。長期保有を前提に購入したのであれば、一時的な下げと見なすこともできるからです。

ただし、「将来的に『この銘柄は大きく成長する』という信念を持って買ったのでなければ、大きく下げた後の保有は薦められません」となでしこインベストメントの阿部智沙子さんは話しています。そうでなければ、「株価が浮上するのを待つよりも、損切りで現金化し、株価が上がりそうな銘柄に乗り換えた方が賢明です」とも指摘しています。

次ページからは15の塩漬け銘柄のうち、特徴的な八つをピックアップしました。個人投資家の購入時期と売りのポイントに加えて、売り、保有のどちらを今後行うべきかを、阿部さんのアドバイスとともに示しています。売りは「戻りを待って、見切り売り」、保有は「しばらくは様子見」を意味しています。

アンケートから分かった個人投資家の塩漬け銘柄上位15社

順位	銘柄名（市場・コード）	回答数
1	**USEN**（ヘラクレス・4842）	111
2	**NTT**（東証1部・9432）	98
3	**ヤフー**（東証1部・4689）	89
4	**ソフトバンク**（東証1部・9984）	73
5	**三洋電機**（東証1部・6764）	68
6	**タスコシステム**（ジャスダック・2709）	59
7	**三菱自動車**（東証1部・7211）	57
8	**ソニー**（東証1部・6758）	52
9	**楽天**（ジャスダック・4755）	46
10	**軽貨急配（現トラステックスホールディングス）**（大証2部・9374）	44
11	**ダイエー**（東証1部・8263）	42
11	**インボイス**（東証1部・9448）	42
13	**フェニックス電機**（東証1部・6927）	36
14	**インデックス・ホールディングス**（ジャスダック・4835）	35
15	**日本マクドナルドホールディングス**（ジャスダック・2702）	30

個人投資家アンケートの「塩漬けになっている銘柄があれば一つ書いてください」で回答数が多かった上位15社を選び出した。回答には大きく「会社の正式名称を記載」「銘柄の略称（一部）のみ記載」「銘柄コードのみ記載」の3つのパターンがあったが、同一銘柄と判断できるすべてを回答に加えた。

塩漬けパターン 1 カリスマ経営者の銘柄を高値づかみ……

特徴
- **① カリスマと呼ばれる経営者がおり、投資家に大きな夢を持たせてくれる**
- **② 05年末から06年初にかけて急騰したが、ライブドアショック後に急落**

USEN（個人投資家の塩漬け銘柄第1位）

SELL（売り）、HOLD（保有）どちら？→ **保有**

株価	**755**円	PER	**34.1**倍
売買単位	**10**株	PBR	**1.63**倍
最低投資金額	**7550**円	配当利回り	**0**%

（注）株価などのデータは07年8月末時点のもの。以下84ページまで同。

保有者Aさん（34歳男性）**のコメント**
投資歴2～3年

前々から短期で売買をしていましたが、いったん株価が下がった06年1月ごろに購入しました。売却しようかと悩んだ時期もあったのですが……。さらに下げそうなら、売りも検討中です。これまで逆張り投資がメーンでしたが、この塩漬けを教訓に順張りへと切り替えました。

阿部さんからのアドバイス

購入後、高値が伸びない（株価の基調が上向きにならない）という状況は、警戒する必要があります。前につけた安値（「ここまで下がれば反転上昇していた」という水準）を割り込むと、株価の基調が下向きになる可能性があります。特に新興市場の銘柄は、一方向に動き始めるとそれが継続する傾向があるものが多いので、「安値割れ」を損切りの目安として考えておくとよいでしょう。この銘柄の場合は、2400～2500円を割った06年4～5月ごろが見切り時でした。売りのタイミングを逸したのは残念ですが、この塩漬けを教訓に順張りに切り替えるという前向きな姿勢は素晴らしいと思います。

ソフトバンク（個人投資家の塩漬け銘柄第4位）

SELL（売り）、HOLD（保有）どちら？→ 保有

株価	2225円	PER	33.6倍
売買単位	100株	PBR	8.31倍
最低投資金額	22万2500円	配当利回り	0.11%

保有者Bさん（54歳男性）**のコメント**

投資歴20年

当時はライブドアショックが起きたばかりのころだったのですが、同社の業績が回復する見通しの中での急落だったので、戻りを期待し、短期保有を目的に購入しました。06年3月ごろに売却を検討しましたが、今は回復しつつあるので、ある程度利幅を取れるまで待とうと思います。

阿部さんからのアドバイス

急落後の反発狙い、または上昇トレンドでの押し目買いのどちらとしても、買いのタイミングは悪くありません。ただ、短期のリバウンド狙いなら、高値が更新できなくなったときが売り時でしょう。押し目のつもりで買った場合、前の高値（05年12月30日の5220円）に遠く及ばず、4500円にも届かずに反落した時点で「押し目ではなかった可能性」が示唆されます。このあたりでいったん見切りをつけてもよかったかもしれません。買う時点で、「こうなったら、買ったときの期待が裏切られたと判断する」という基準を決めておくことが大事です。

塩漬け銘柄1位になったUSENと4位になったソフトバンク。両社は新興市場の人気株であると同時に宇野康秀社長、孫正義社長というカリスマ経営者がいるという共通点があります。投資家向けの説明会や記者会見などで経営プランを堂々と話す姿を見て、「社長の手腕に期待したい」と思い、購入した人もいることでしょう。

しかしチャートを見ると、その思いとは裏腹に2銘柄とも06年1月以降の株価は下げ調子になっています。さらにUSENの保有者Aさん、ソフトバンクの保有者Bさんとも、06年1〜2月の高値近辺で購入しています。「人気化している銘柄に乗るのが投資の基本なので、買いのタイミングそのものは悪くありませんが」(阿部さん)、両社とも損切りを考えてもよい時期はあったようです。

新興銘柄の株価はいったん下がり始めると、半値以下になってしまうこともあります。個別銘柄だけでなく、市場全体の状況を意識することが大切になります。下がり始めたところでの買いは特に慎重に行いたいところです。

鉄則

カリスマ経営者の銘柄は
夢に投資したから塩漬けになりやすい。
下げたときに売る勇気も必要。

塩漬けパターン2 株主優待狙いで株価が下がった……

特徴
1. 投資資金に対する株主優待の金額（優待利回り）が高い
2. 株を購入後に株主優待の制度が変更されてしまった

タスコシステム（個人投資家の塩漬け銘柄第6位）

SELL（売り）、HOLD（保有）どちら？→ 売り

株価	5450円	PER	—
売買単位	1株	PBR	—
最低投資金額	5450円	配当利回り	0.00%

保有者Cさん（32歳男性）**のコメント**
投資歴1年未満

1株で5000円の優待券がもらえることに注目して買いました。株式投資を始める前から、マネー雑誌で「優待1位」と紹介されていておトクだと思っていた株です。しかし、買った直後に株価は下落し、優待の内容も「1株で3000円の優待券」に変更になりました。踏んだり蹴ったりです。

阿部さんからのアドバイス

この銘柄の場合、株価は既に06年1月以降、きつい下降トレンドになっていました。また、業績面では売上高が03年12月期以降から減少傾向にあり、05年12月期は最終赤字となった上、無配に転落しています。優待目的でも、各種投資指標を十分チェックした上で買うことが大切でしょう。短期のリバウンド狙いでないなら、この時期に買うことそのものを慎重に行うのがよかったかもしれません。株価は11月に2万5000円近辺でいったん下げ止まったかのように見えましたが、12月に2万5000円を大きく割り込みました（底割れの状態）。このあたりで見切りをつけたかったところです。

フェニックス電機（個人投資家の塩漬け銘柄第13位）

SELL（売り）、HOLD（保有）どちら？→ **売り**

株価	**580**円	PER	**14.5**倍
売買単位	**100**株	PBR	**1.31**倍
最低投資金額	**5**万**8000**円	配当利回り	**1.72**%

保有者Dさん（56歳女性）のコメント

投資歴5～10年未満

04年5月ごろ、高額所得で話題になった清原達郎さん（タワー投資顧問＝当時）の注目銘柄ということで購入しました。05年1月には2500円のクオカードがもらえる株主優待がスタートしたので、優待にも期待して保有しました。しかし、株価は急落、最近、損を覚悟で売りました。

阿部さんのコメント

購入時期は新興市場が盛り上がってきた局面であり、この銘柄も調子をつけて上昇してきたところなので、決して失敗ではありません。むしろ、「うまく上昇トレンドの途中に乗った」といえるでしょう。株価は04年10月ごろに1400円前後でいったん踏みとどまってから上昇し、再び05年4月には買値に近い1600円前後まで踏みとどまって上昇しましたが、再度1400円を割った05年10月ごろが見切りのポイントだったかもしれません。ただし、この方は最近損切りをしたとのことで、思い切った選択は正しかったのではないかと思います。

６位のタスコシステムは「高田屋」「とり鉄」などを展開する外食チェーン店。13位のフェニックス電機はプロジェクター用ランプなどを製造するハイテク企業です。

両社の共通点は魅力的な株主優待制度があること。タスコシステムは「1株の保有で５０００円の優待券」、フェニックス電機は「１００株の保有で２５００円相当の商品またはクオカード」で、投資金額に対する優待利回りも高く、個人投資家の人気が高い銘柄……のはずでした。

しかし、両社とも昨年11月、昨年7月に実質的に優待のボリュームを縮小しました。前者の優待券は３０００円に、後者は優待の回数が年2回から1回に経るだけではなく、１００株の保有で２０００ポイント（２０００円相当の商品）に…。つられるように株価も下がってしまいました。

特に、タスコシステムは05年12月期、06年12月期（06年12月期）と2期続けて赤字である点も見逃してはならないでしょう。

鉄則

優待目的で長期保有するのであれば、少なくとも業績が好調かどうかはチェックしておきたい。

塩漬け パターン **3** 経営不振の企業の反発を狙ったが……

特徴	**① 直近数年の決算(四半期も含む)で赤字になっている**
	② 株価水準が100円台、200円台と安い(低位株である)

三菱自動車 (個人投資家の塩漬け銘柄第7位)

SELL(売り)、HOLD(保有)どちら?→ **保有**

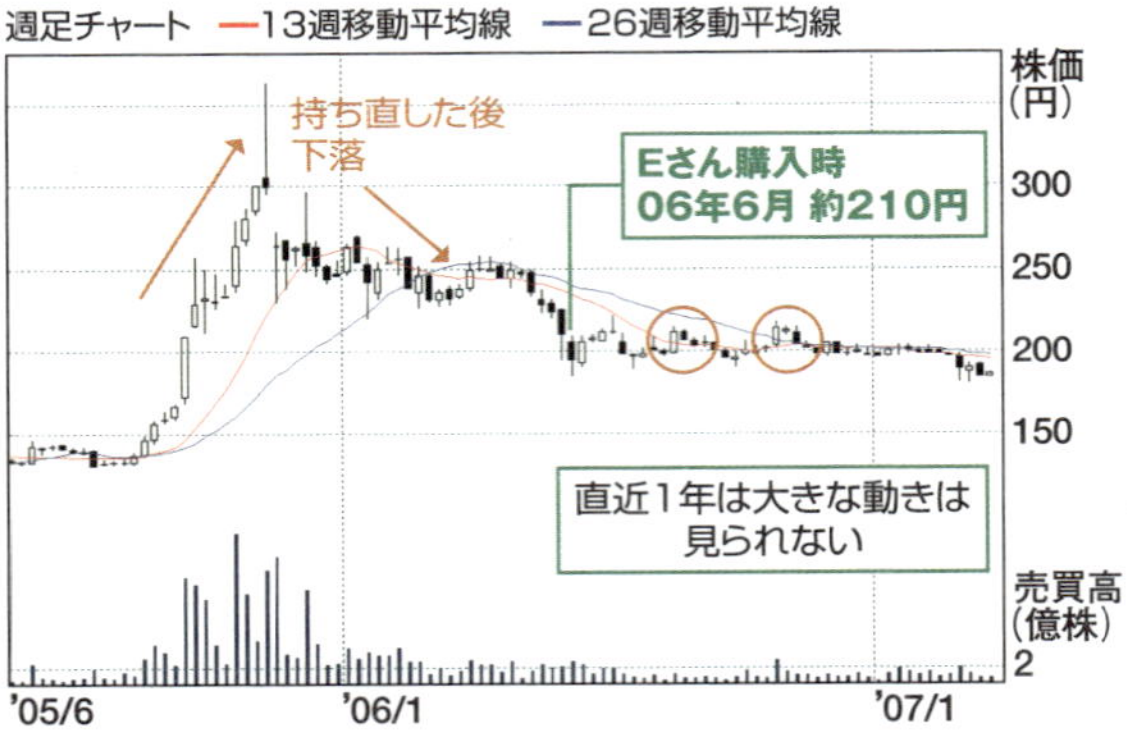

株価	**165**円	PER	**45.3**倍
売買単位	**1000**株	PBR	**3.06**倍
最低投資金額	**16**万**5000**円	配当利回り	**0.00**%

保有者Eさん(60歳男性)**のコメント**

投資歴15年

はっきり覚えていないのですが、06年6月ごろ購入して当時の株価は約210円でした。業績は悪化していましたが、「三菱商事、三菱重工業がバックアップする」というニュースで倒産する必要がないと判断し、500円ぐらいへの値上がりを期待していました。

阿部さんからのアドバイス

05年7月から上昇した株価は11月に363円の高値をつけました。その後緩やかに下降。いったん持ち直したかに見えた株価がその後じりじりと下げ始めたときに購入するのはやや危険です。ただ、05年の安値までは下がっていないのは救いといえそうです。短期的には上昇しても、すぐ下がる状況になっているので、200円前後でいったん売却しておきたかったところ。自律反発狙いの場合、見切りの目安となる「株価水準」と「時間」(どのくらいの期間、保有して動きがない場合は見切る)を決めておくのも一策といえそうです。

軽貨急配（個人投資家の塩漬け銘柄第10位）

SELL（売り）、HOLD（保有）どちら？→ **売り**

株価	**56**円	PER	—
売買単位	**10**株	PBR	—
最低投資金額	**560**円	配当利回り	**0.00%**

07年4月にトラステックスホールディングスに社名変更

保有者Fさん（38歳男性）**のコメント**

投資歴1年未満

株式取引を始めたばかりのころで、特に何も考えず「投資金額が10万円以下で、配当利回りが高い」ということで買いました。その後、MSCB（転換価格修正条項付き転換社債）の発行を繰り返して、株価は奈落のそこへ。損切ることができずにズルズルと保有してしまった感じです。

阿部さんからのアドバイス

02年ごろは株価が非常に安い銘柄も少なくありませんでしたが、景気拡大が数十カ月も継続し、多くの企業が好業績を上げて株価も上昇している中にあっても、なお株価が100円台、200円台の銘柄はそれなりの事情があると考えた方がよさそうです。「短期の値幅取りを狙って買い、期待したような値動きが早々に出ないならば、売却する」という短期勝負のシナリオを事前にはっきりさせておくことが肝心になります。Fさんの購入時期からすると、06年2月につけた安値の水準を下回ったところが見切り売却のポイントだったと思います。

７位の三菱自動車はここ数年、巨額の赤字が続きました。三菱グループ主導での立て直しが進行中で、07年３月期は黒字に転換しました。一方、10位の軽貨急配は４月から「トラステックスホールディングス」に社名変更しました。４月２日付で10株を１株にする株式併合を行いましたが、07年３月期は大幅な赤字に転落し株価は低迷を続けています。

保有者のＥさんとＦさんは、業績に若干の不安がある段階でこれらの銘柄を仕込んだようです。業績の急回復の期待ができる銘柄ならば、仕込んだときが底値となって、大きな値上がり益を享受できることもあります。しかし、予想していたほど株価は上昇していないのが現状です。三菱自動車の現在の株価（１７０円前後）は買値近辺にありますが、軽貨急配は10分の１以下にまでなってしまいました。軽貨急配を購入したＦさんは、「配当利回りの高さにも注目していた」が、結果的には値下がりのダメージを大きく受けることになってしまいました。

鉄則

業績回復を信じるならば、復活の兆しが業績にしっかり表れてから投資をしても遅くはない。

塩漬けパターン 4　新規上場で買ったのが高値だった……

特徴　① 上場時に株価はいったん上がったが、その後は下降トレンドが続いている

NTT（個人投資家の塩漬け銘柄第2位）

SELL（売り）、HOLD（保有）どちら？→ **保有**

週足チャート　—13週移動平均線　—26週移動平均線

株価	**53万8000円**	PER	**18.4倍**
売買単位	**1株**	PBR	**1.18倍**
最低投資金額	**53万8000円**	配当利回り	**1.67%**

保有者Gさん（36歳女性）**のコメント**

投資歴1年未満

公募で売り出された80年代後半に父が購入しました。購入したことに満足だった父は売ることもせず、5年前に他界。今は父の形見として持っているので、よほどお金に困らない限りは売却しないつもりです。それでも、株価を見るたびにため息が出てしまいます…。

阿部さんからのアドバイス

仮にIT（情報技術）バブルが華やかだったころに、短期的な急上昇を期待して買ったのなら、00年に入って日経平均株価が高値を更新しているのにNTTが高値を更新できない、という状況になったあたりが売却のポイントだったと思います。ただ、Gさんの場合はNTT株を大切な思い出の品として保有すること自体に意味があると思います。株価の推移を見ると、03年以降、超長期的なトレンドが反転した兆しも見えています。短期の急上昇は難しいとしても、長期保有は、妙味が出てくるかもしれません。資産株として持っておいていいでしょう。

塩漬けパターン 5 株式分割が期待外れに終わった……

特徴 ① 分割後に株価が上がることもあるが、売りのタイミングを逃してしまう

楽天（個人投資家の塩漬け銘柄第9位）

SELL（売り）、HOLD（保有）どちら？→ **売り**

株価	4万2900円	PER	8.1倍
売買単位	1株	PBR	2.86倍
最低投資金額	4万2900円	配当利回り	0.12%

保有者Hさん（39歳男性）**のコメント**

投資歴5～10年未満

04年8月に株式分割前の69万円（現値では6万9000円）で購入しました。当時は分割銘柄が急騰する傾向があり、分割発表前の楽天も波に乗れると思ったからです。売ろうと思った時期も合ったのですが･･･。結局、売ることができずどうすべきか悩んでいます。

阿部さんからのアドバイス

05年1月の高値の後、2回の高値があったということは、1回目に売りそびれてしまっても2回目、3回目の利益確定のチャンスがあったわけで、ラッキーな状況だったと思います。逃した点が惜しいかもしれません。3度目のチャンスがやってきたとき、前の高値に届かずに下落したあたりで、株式分割によって増えた株数の一部を売却することを考えてもよかったのではという気がします。利益が出ている株を売却するタイミングをとらえるのは難しいですが、複数単元の株数を持っているのなら「時間分散売却」が有効策になります。

87年2月の上場後、ＮＴＴの株価はいったん２５０万円を超えましたが、バブル崩壊とともに長期の下降トレンドが続いています。ＮＴＴ株を塩漬けにしている人たちは、世間の注目を集めた90年前後に購入した人が多いようです。

保有者Ｇさんも同様のケースで、値動きを見ると売却してもよい時期はあったといえそうです。しかし、「思い出の品ならば、保有する意味がある」と阿部さん。「当時、ＮＴＴ株を購入した人は比較的、資産に余裕がある人たちでした」（東保裕之さん）。資金に困ることがない限り、すぐに売却する必要はなさそうです。「現在の50万円が底値圏。資産株として中長期で保有してよいでしょう」（阿部さん）。

９位の楽天は予想通りに株式分割で株価が上昇したものの、売りのタイミングを逃してしまったケースです。３位のヤフーも株式分割の「常連」でしたが、ここ1年では実施していない上、最近では分割後の株価が必ずしも上昇していないことに留意したいものです。

鉄則

上場直後の株価が当面の高値となる可能性も。また、株式分割に期待し過ぎてはならない。

「買ってよかった」の声が集まった投資信託は？

満足度ナンバー1はさわかみ投信。「これまでに購入した投資信託の中で、最も満足度が高いのは」という質問に記入したのは２６１３人。そのうちおよそ10人に1人の２５３人が選んだのは、サラリーマン投資家を応援するファンド、さわかみ投信でした。

カテゴリー別では、満足度が高いのは新興国株投信（上位48位中14本）、毎月分配型投信（同13本）、不動産投資信託（ＲＥＩＴ、同８本）がベスト３。過去1年の運用結果を如実に反映した結果です。

興味深いのはＨＳＢＣインドオープンとグローバル・ソブリンが「買ってよかった」と「買って後悔」の両方の上位にランクインしたこと。理由はＨＳＢＣインドを「買ってよかった」と答えたグループの「購入を決めた理由」にありそうです。「投信のみで購入できる運用対象だから」「分散投資の一環として」が上位に並びます。直近のパフォーマンスだけではなく、その投信の特徴を知ったうえで購入を決めた人は満足度が高いようです。

全体的に、投資信託は「相場のタイミングを見て売買する」人より「中長期で保有し続ける」人の方が満足度が高いのも注目したい点です。新興国株投信ならば長い目で見た成長期待、定期分配投信ならば安定した分配など、各商品の特徴を納得した上で購入した人ほど、後悔しない選択ができるようです。

順位	サービス名	運用会社（略称）	最も満足と答えた投資家人数	主な投資対象	純資産残高（億円）	販売手数料（%）	信託報酬（%）
1	**さわかみファンド**	さわかみ	253	日本株	2450	0	1.05
2	**HSBCインドオープン**	HSBC	123	海外株	1534	3.675	2.1
3	**グローバル・ソブリン・オープン 毎月決算**	国際	122	外債	55230	1.575	1.3125
4	**HSBC チャイナ オープン**	HSBC	87	海外株	694	3.15	1.89
5	**DIAMワールド・リート・インカム（毎月決算）**	興銀第一ライフ	59	代替投資	4975	3.15	1.659
6	**ピクテ・グローバル・インカム株式F（毎月分配）**	ピクテ	48	海外株	26738	3.675	1.155
7	**PCAインド株式オープン**	PCA	44	海外株	1611	3.675	1.88835
8	**トヨタアセット・バンガード海外株式ファンド**	トヨタ	31	海外株	154	0	1.3
9	**三井住友・ニュー・チャイナ・ファンド**	三井住友	29	海外株	1138	3.15	1.89
10	**財産3分法F（不動産・債券・株式）毎月分配型**	日興	28	資産分散	13757	3.15	0.9975
10	**ダイワ・グローバル債券ファンド（毎月分配）**	大和	28	外債	17345	2.1	1.3125
12	**フィデリティ・日本成長株・ファンド**	フィデリティ	27	日本株	4747	3.15	1.6065
13	**三菱UFJ チャイナオープン**	三菱UFJ	26	海外株	429	3.15	1.596
14	**トヨタグループ株式ファンド**	トヨタ	25	日本株	901	1.575	0.7245
14	**マイストーリー分配型（年6回）Bコース**	野村	25	資産分散	16794	2.1	0.798
16	**JPM・BRICS5・ファンド**	JPモルガン	23	海外株	1306	3.675	1.995
16	**GW7つの卵**	日興	23	資産分散	6329	3.15	1.89
18	**HSBC BRICs オープン**	HSBC	20	海外株	820	3.675	1.365
18	**ドイチェ・インド株式ファンド**	ドイチェ	20	海外株	422	3.675	1.3125
20	**朝日Nvestグローバルバリュー株オープン**	朝日ライフ	18	海外株	401	3.15	1.89
21	**ノムラ日米REITファンド**	野村	17	代替投資	3832	3.15	1.575
21	**外国株式インデックス・オープン**	ステート・S	17	海外株	52	2.1	0.9975
23	**りそな・世界資産分散ファンド**	大和	14	資産分散	6427	2.1	1.365
23	**シュローダーBRICs株式ファンド**	シュローダー	14	海外株	355	3.675	1.974
25	**フィデリティ・ジャパン・オープン**	フィデリティ	12	日本株	2348	3.15	1.6065
25	**HSBC ブラジル オープン**	HSBC	12	海外株	575	3.675	1.995
27	**三井住友 グローバル好配当株式オープン**	三井住友	11	海外株	388	3.15	1.365
27	**野村インド株投資**	野村	11	海外株	1300	3.15	2.1
27	**6資産バランスファンド（分配型）**	大和	11	資産分散	382	3.15	1.33875
30	**ダイワ・バリュー株・オープン**	大和	10	日本株	816	3.15	1.596
30	**DIAM中国関連株オープン**	興銀第一ライフ	10	海外株	338	3.15	1.68
30	**日興AM中国A株ファンドⅡ**	日興	10	海外株	485	3.15	2.205
33	**ブラックロック・ゴールドメタルオープンB**	ブラックロック	9	海外株	217	3.15	2.1315
33	**三菱UFJ 外国債券オープン**	三菱UFJ	9	外債	78	1.05	1.05
33	**DIAM高格付インカム・オープン（毎月決算）**	興銀第一ライフ	9	外債	8656	3.15	1.05
33	**ダイワJ－REITオープン**	大和	9	代替投資	216	2.1	0.756
37	**ダイワ世界債券ファンド（毎月分配型）**	大和	8	外債	513	2.1	1.3125
37	**JFアジア株・アクティブ・オープン**	JPモルガン	8	海外株	306	3.15	1.6065
37	**インベスコ店頭・成長株オープン**	インベスコ	8	日本株	154	2.1	1.05
40	**日興・CS世界高配当株式ファンド毎月A**	日興	7	海外株	2110	3.15	1.155
40	**J－REITアクティブオープン毎月決算**	富士	7	代替投資	73	2.625	1.05
40	**ピムコ ハイ・インカム毎月分配型ファンド**	三菱UFJ	7	外債	5101	2.1	1.365
40	**みずほJ－REITファンド**	第一勧業	7	代替投資	951	2.1	1.05
40	**三井住友・グローバル・リート・オープン**	三井住友	7	代替投資	1405	3.15	1.6695
40	**グローバル・ハイインカム・ストック・ファンド**	野村	7	海外株	2049	3.15	1.155
46	**東欧投資ファンド**	野村	6	海外株	109	3.15	2.121
46	**フィデリティ・日本小型株・ファンド**	フィデリティ	6	日本株	695	3.15	1.7115
46	**グローバル財産3分法ファンド(毎月決算型)**	国際	6	資産分散	1205	3.15	1.5015

（注）データはアンケート集計時点

興味を持っている金融商品

個人投資家の関心が高い金融機関のサービスを回答してもらいました。ごく一般的となっている「金融機関の店舗ＡＴＭでの引き出し」が1位となったほか、「銀行のネット口座」「ネット専用銀行」といったウェブサイトを利用した取引が上位になりました。ウェブ上での資金管理が徐々に広まっているといえます。

その一方、「ネットマネー」や「お財布ケータイ」は、「よく利用する」「たまに利用する」を合わせても、利用度は全体の10％程度にとどまっており、個人にはそれほど浸透していないようです。

また、ネット証券での取り扱いを希望する商品・サービスも質問しました。回答数が２０００を超えたのは、「販売手数料無料（ノーロード）の投資信託」「インド株」「ベトナム株」の三項目でした。ノーロード投信は購入のしやすさが人気の1番の理由で、ネット証券各社でも取り扱い本数は徐々に増えています。インド株は原則として日本に住んでいる個人投資家は購入できず、また、ベトナム株を取り次ぐ日本のネット証券はありません。ベトナム株は現地の証券会社に口座を開設して売買を行うという手法もありますが、コストが高く現実的とはいえません。これらの株が実際に日本のネット証券で取り扱われるにはまだ時間がかかりそうですが、売買してみたいという個人の声は強いようです。

個人投資家の関心が高い金融機関のサービス

順位	サービス名	合計点数	よく利用する	たまに利用する	利用したことはないが関心がある	利用したことがなく関心もない
1	金融機関の店舗ATMでの引き出し	22556	5618	2735	232	248
2	銀行のネット口座	17521	3755	2254	1748	1076
3	マイルなどポイントサービス	14747	2291	2946	1982	1614
4	ネット専用銀行	14343	2662	1820	2717	1634
5	コンビニATMでの引き出し	14080	2193	2874	1753	2013
6	ネットオークション	11030	1124	2582	2494	2633
7	電子マネー（Edy、Suicaなど）	10607	1300	1743	3221	2569
8	ネットマネー	5881	198	814	3659	4162
9	お財布ケータイ	5398	322	342	3748	4421

ネット証券での取り扱いを希望する商品・サービスランキング

順位	商品・サービス	回答数	順位	商品・サービス	回答数
1	販売手数料無料の投資信託	2903	13	日本株のグリーンシート銘柄	878
2	インド株	2482	14	FX（為替証拠金取引）	853
3	ベトナム株	2269	15	自動車保険	760
4	IPO銘柄	1822	16	医療保険	659
5	金	1629	17	韓国株	656
6	中国株	1520	18	生命保険	608
7	その他の新興国株	1313	19	地震保険・火災保険	598
8	米国株	1221	20	商品先物	529
9	ロシア株	1175	21	株式先物取引	444
10	外債	1117	22	個別株オプション取引	291
11	外国株ETF	1051	23	株価指数オプション取引	241
12	日本の中期・長期国債（個人向け国債以外の国債）	1039	24	カバードワラント（eワラント）	203

積み立て、貯蓄・投資が多い人ほど年収が高い

アンケートでは「積み立て状況」や「貯蓄・投資に振り分ける金額の割合」も質問しました。「毎月、定期的な積み立てをしている」人が４８９９人（55・5％）と過半数を占めました。自由回答形式で「月収の何％を積み立てに回していますか」と質問したところ、最も多かったのは10％以内。積み立てをしている金融商品としては、回答が多い順に預貯金、株（るいとう）、投資信託、外貨預金、外債となりました。「年間、世帯年収の何％を貯蓄・投資に回していますか」という質問の回答は、10〜20％が平均となりました。年収６００万円のサラリーマンなら、毎年およそ１００万円を貯金・投資に回している計算になります。

一方、「月収のうち、30％以上を貯金・投資に回す」という回答をした人も８８０人いました。年収の半分以上（およそ50〜90％）という人も約４８０人。年収が１０００万円を超え、金融資産も３０００万円を超える高所得者層が目立ちました。職業は会社員のほか、経営者・会社役員、専業トレーダーなど。「90％を貯蓄・投資に回す」という人には、年収は数百万円でありながら、金融資産は1億円を超える人もちらほら。資産が2億円という主婦の方もいました。こういった人たちは貯蓄・投資にたくさんの資金を費やして、さらに資金を増やそうという「積極投資派」であると推測できます。実際に金融資産の配分を見たところ、日本株（株式先物取引、株式オプション取引含む）の比率が圧倒的に高いのも特徴といえます。

Q7

月々、定期的な積み立てをしていますか？

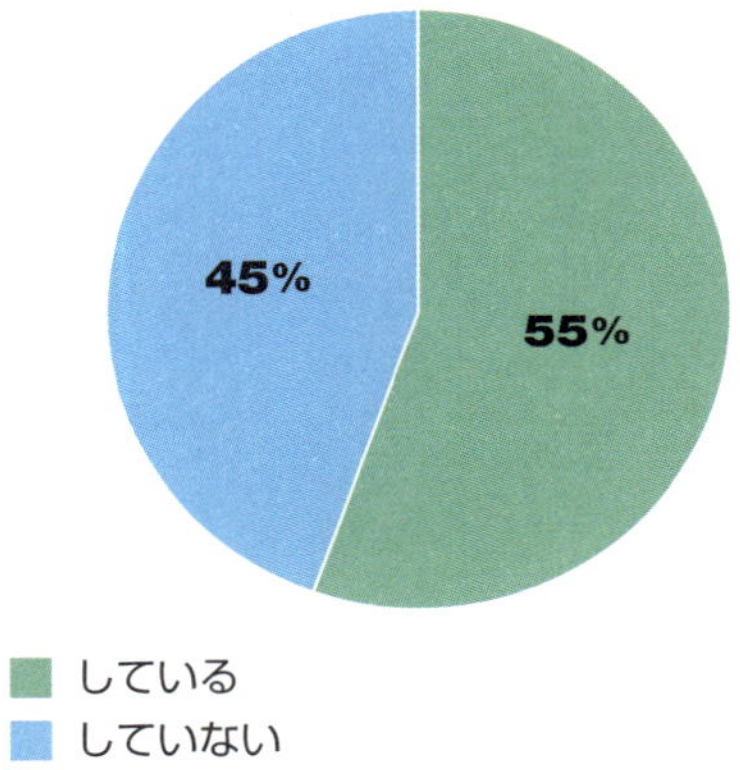

Q8（Q7で「している」と答えた人）

月収の何%を積み立てにまわしていますか？

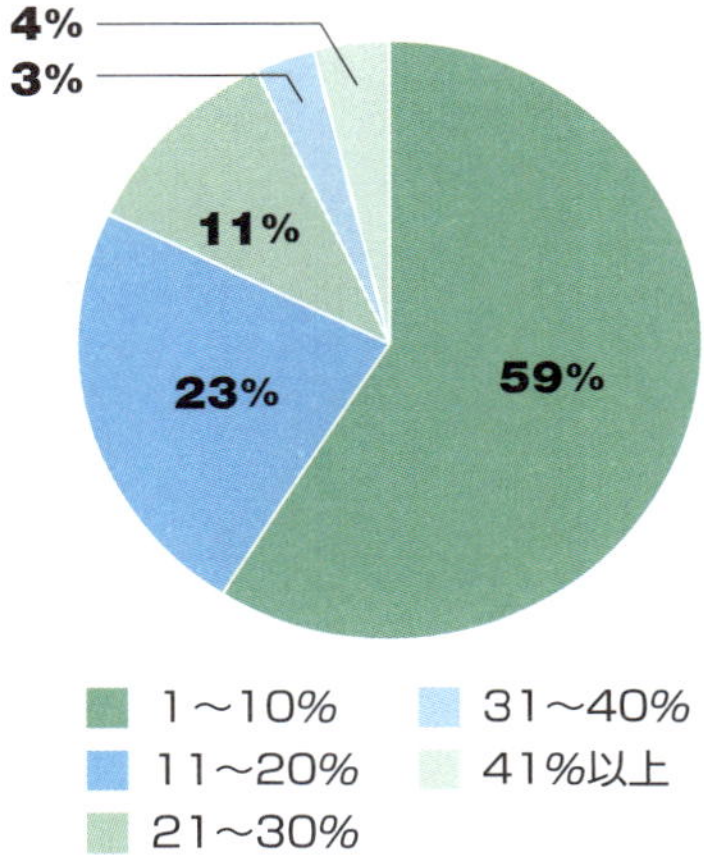

Q9（Q7で「している」と答えた人）

どんな金融商品で積み立てをしていますか？

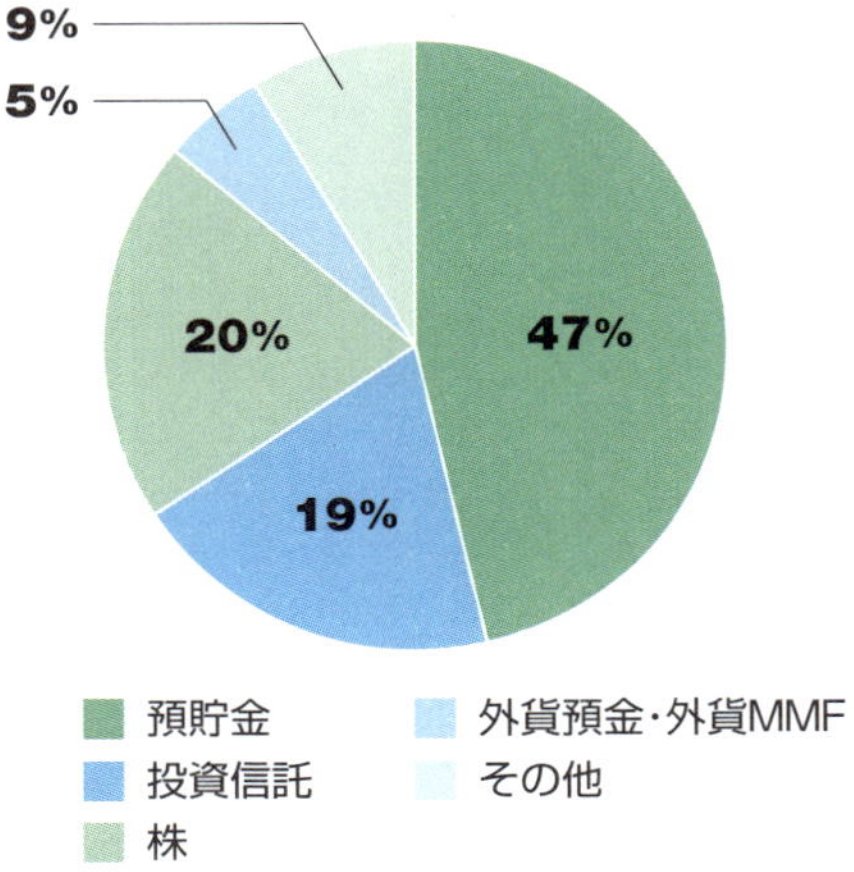

Q10

年間、世帯年収の何%程度を貯蓄・投資に回していますか？

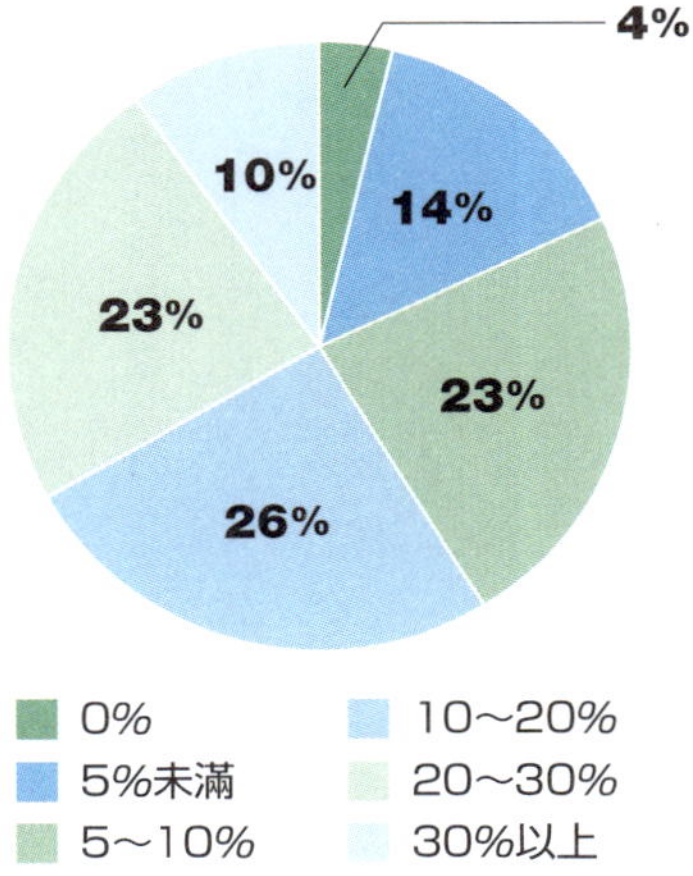

人気の証券会社は？

株式投資をする上で、どの証券会社を利用するか投資の成績にも関わる重要な要素です。最も人気の高い証券会社を探ってみました。

アンケートでは、代表的な18社のネット証券を取り上げて、それぞれが「よく使うネット証券」「口座はあるがあまり使わないネット証券」「口座を持っていないネット証券」のどれに該当するかを回答してもらいました。「よく使うネット証券」の回答1つにつき2点、「口座はあるがあまり使わないネット証券」の回答1つにつき1点とし、各証券会社で得点ランキングをつけてみました。人気証券会社ランキングです。

第1位にとなったのは松井証券で、よく使っている人が3641人いました。ネット証券大手5社の一角を占める同証券ではありますが、単純に人気があったというよりも、むしろ、松井証券のサイトに「日経マネー」アンケートの案内が掲載されたため、松井証券の利用者がアンケートに回答するケースが多かったことも理由に挙げられます。

2位にランクインしたのはSBIイー・トレード証券でした。口座開設数でトップのイー・トレードだけに人気は根強いようです。上位にはマネックス、楽天、カブドットコムといったネット証券大手のほか、野村、大和、日興のような対面営業が主力の大手証券の健闘も目立ちました。

人気証券会社ランキング

順位	証券会社	得点	順位	証券会社	得点
1	松井証券	8286	10	丸三証券	919
2	SBIイー・トレード証券	6013	11	三菱東京UFJ証券	913
3	マネックス証券	4578	12	オリックス証券	879
4	楽天証券	3855	13	新光証券	590
5	カブドットコム証券	3451	14	内藤証券	449
6	野村証券	2450	15	GMOインターネット証券	391
7	大和証券	1884	16	エイチ・エス証券	381
8	ジョインベスト証券	1673	17	アイザワ証券	351
9	日興コーディアル証券	1316	18	ユナイテッドワールド証券	280

(注)「よく使うネット証券」の回答1つを2点、「口座はあるがあまり使わないネット証券」の回答1つを1点として、合計得点の上位からランキング

よく使うネット証券選びで重視するポイント

順位	項目	回答数	順位	項目	回答数
1	売買手数料の安さ	7163	10	販売手数料無料の投信など投資信託の品揃え	607
2	売買ツールの使い勝手	3999	11	夜間取引の有無	601
3	投資情報サービスやツールの使い勝手	2678	12	ブランド	480
4	自分自身の慣れ	1831	13	信用取引の金利や長期信用取引の有無など信用売買のサービスの充実度	471
5	システムの安定度	1676	14	ミニ株・単元未満株の取り扱い	461
6	逆指値など自動売買注文機能の有無	1642	15	外国株(米国、中国、韓国など)の品揃え	422
7	モバイル対応の充実度	926	16	投資セミナーの充実度	348
8	IPOの引き受け件数	807	17	株式先物やオプション取引の充実度	216
9	週末や夜間のログイン・注文可能時間	659	18	為替証拠金取引の使い勝手	120

次に、ネット証券選びで重視するポイントを見ていきましょう。アンケートでは編集部で選んだ18項目のうち、重視しているもの3つを選んでもらいました。回答数の多かった順にランキングしたのが93ページ下の表です。

8841人のうち、8割を超える7163人の人が「売買手数料」を挙げています。株式投資で得られる全体での収益が、売買コストの金額によっても大きく変わってくることを考えれば、当然の結果といえるでしょう。同じ売買であれば、手数料の安い証券会社を選びたいものです。2位は「売買ツールの使い勝手」、3位は「投資情報サービスやツールの使い勝手」となったように、コストの次には、投資する上での実用的な面が問われています。個人投資家に人気の証券会社はおよそこの3つの条件を満たしていると考えてよいでしょう。

一方、4位に「自分自身の慣れ」が挙がっていることも見逃せません。証券会社のサービスを使いこなすためにはそれなりの努力も必要です。最初に使い始めた証券会社が使い慣れている場合は、よほど魅力的なサービスを提供していない限り、他の証券会社に乗り換えることはあまりしないという個人投資家の姿が浮かび上がってきます。

5位以下には「システムの安定度」「モバイル対応の充実度」などがランクインしていますが、意外にもランキングの下位になったのが、「外国株（米国、中国、韓国など）の品揃え」でしょう。アンケートの結果からは、中国を始めとする「新興国への投資（株式や投資信託）でもうけた」と回答する個人投資家も目立ったのですが、実際の証券会社選びになると重視する人は必ずしも多くはないようです。

column

勝ってる投資家が納得の投資格言

「投資格言の中であなたの株式投資ルールに一番近いものは？」。今回のアンケートの質問に勝っている投資家はどんな答えを返したでしょうか？過去1年（06年1月末～07年2月）の株式投資の収益が30%以上だった353人の答えは下の表のとおりです。

4人に1人が支持して1位になったのは「頭としっぽはくれてやれ」。──底値で買って天井で売ることを目指さない＝チャンスをモノにするには欲張りすぎないこと、という意味です。アンケート回答者Aさん（会社員、42歳）は、相場の強弱を表す指標であるオシレーターを見ながら底値買いをねらっているときに、この投資格言を頭に思い浮かべるそう。例えば、RSIでは買いシグナルが点灯しているが、ストキャスティクスではまだ……といった場合。「ひとつの指標で勝負をかけて「しっぽ」で買えば、値上がり益は大きくなるが、はずれる可能性がある。トータルの勝率を上げるためには一番おいしいところは「くれてやり」、複数の指標に買いサインが出るまで待ちます」。売りも同様。「上げ相場で天井を狙うと、結局その後にまだ上げたりします。天井をつけて、下げトレンドに変わったことを移動平均線やオシレーターで確認してから売る」。まさに格言を実行しているのでした。

順位	投資格言	支持率
1	頭としっぽはくれてやれ（底値で買って天井で売ることを目指さない）	25%
2	人の行く裏に道あり花の山（逆バリ投資）	18%
3	待てば海路の日和あり（チャンスをじっくり待つ）	12%
4	すべての卵をひとつのかごに盛るな（分散投資）	9%
5	遠くの物は避けよ（分からない銘柄には手を出さない）	9%
6	見切り千両（損切りは早めに）	7%
7	相場の金とタコの糸は出し切るな（常に余裕資金を持て）	6%
8	当たり屋につけ（絶好調な人に習う）	5%
9	好いてもほれるな（自分の選んだ銘柄に固執しない）	4%
10	割安に買いなし、割高に売りなし（時流に乗る）	3%

テスト結果の見方

60点以上あれば、安定的に資産運用ができる優等生

98ページは、10～13ページまでの回答のチェック表です。例えばQ1「株式投資に関する勉強は苦にならない」で、A「苦にならない」を選んだ人の得点は4点、「億劫でやりたくない」を選んだ人の得点は1点になります。楽しく勉強を行うことができれば、投資成績にはプラスになるということを示しています。

配点の仕方は全ての質問で同じではなく、収益と質問項目との相関関係の強弱によって差をつけています。Q5「資産の何割を何に投資するか明確な資産分散ポートフォリオがある」などでは最大得点が8点になっており、それだけ成績への影響が大きいともいえます。

99ページには得点に応じて5段階評価を掲載しました。このテストは合計で81点満点になりますが、満点を取るのはかなり難しくなっています。テストを作成する上でご協力いただいた、株式会社「監査と分析」の瀧本哲史さんは、「60点以上なら、年間10%の収益を安定的に稼げる優等生とみてよいでしょう」と話しています。皆さんの点数はいくらになったでしょうか。

株式投資経験がない人は予想リターンを試すのに最適

06年に、株式投資を行っていた人であれば、実際の利益とテストの結果から予想される利益を比べてみると面白いでしょう。「どういう点に注意していれば勝率を上げることができたか」という分析にも役立ちます。一方、株式投資の経験がない人にとっては、現時点での自分の投資力を試す1つの物差しになります。

06年の相場を振り返ってみると、年初のライブドアショックをきっかけに新興市場が急落したため、新興株に多くの資金を投資していた人ほど利益が少ない（損失が多い）結果となったようです。新興株で損をしても、素早く資金を大型株に回すことができた人は、年間の損失を食い止めることができたでしょう。

07年は2月、8月の世界同時株安をきっかけに日経平均株価は急落しましたが、相場全体で見た場合、割安な大型株が堅調で新興株が軟調という流れは変わっていないようです。このテストは今年の相場であればどのくらいのリターンを稼げるかを見る目安の一つとすることもできるでしょう。

チェック項目と採点

Q		A	B	C	D	E	得点
1	株式投資に関する勉強は苦にならない。	4	3	2	1		
2	PER(株価収益率)の意味を理解しており、銘柄の投資ではチェックを怠らない。	2	1.5	1	0.5		
3	ROE(株主資本利益率)の意味を理解しており、個別銘柄の投資ではチェックを怠らない。	2	1.5	1	0.5		
4	1年間に、世帯収入の何%程度を貯蓄・投資に回している?	2	4	6	8	10	
5	資産の何割を何に投資するか、明確な資産分散ポートフォリオがある?	8	6	4	2		
6	株式投資だけではリスクが高いので、保有資産の中に少しでも投資信託を組み入れておきたいと思う?	8	6	4	2		
7	株式投資における銘柄選択はチャート重視、それとも業績重視?	1	2	3	4		
8	株式1銘柄当たりの平均保有期間として、もっとも近いものを1つ。	1	2	3	4		
9	投資対象銘柄の業界を理解しているかは、株式投資の成否には関係ないと思う。	1	2	3	4		
10	株式投資対象は、値動きの軽い新興株派? 東証1部などの大型株派?	0.5	1	1.5	2		
11	インターネットの掲示板の書き込みを読んで参考にする?	1	2	3	4		
12	株価チャートを見る時、ローソク足の転換など細部まで必ずチェックする?	0.5	1	1.5	2		
13	株式投資歴はどのくらい?	1	2	3	4	5	
14	現在株式投資にあてている資金の額は?	1	2	3	4	5	
15	信用取引は活用する?	0.5	1	1.5	2		
16	株式の売買頻度として最も近いのは?	1	2	3	4	5	
17	ネット証券選びで重視するポイントに、「逆指値などの自動売買注文機能があるかどうか」は外せない。	0.5	1	1.5	2		
18	ネット証券選びで重視するポイントに、「外国株(米国、中国、韓国など)」の品ぞろえ」は外せない。	8	6	4	2		

合計　　点

得点から分かる、投資タイプ判定結果

超優秀（ランクA）
60～81点

このランクに該当する人はどういう人？

推定年間リターン10%以上 60点超の人は全体の上位2%。投資能力は偏差値70です。過半数は年10%以上で運用でき、損失を出している人は6人に1人しかいません。

今後のためのアドバイス

「勝ち組」個人投資家の鏡です。仮に昨年負けてしまった人も、長期的に見れば勝てる資質を持っているはずです。奢らず、腐らずこのペースで頑張りましょう。

優秀（ランクB）
52～59点

このランクに該当する人はどういう人？

推定年間リターン8～10% 54点を超えている人は年率8～10%で運用できるノウハウがあり、偏差値60程度。昨年の相場で3人に1人は10%を超える利益を出しています。

今後のためのアドバイス

偏差値60から70への壁は高いですが、ランクAになれば運用の安定度が上昇します。パフォーマンスを落とす原因を特定して集中的に見直し、ランクAを目指してください。

やや優秀～普通（ランクC）
45～51点

このランクに該当する人はどういう人？

推定年間リターン3～8% 45点がこのテストの平均ラインで、投資能力は「やや優秀～普通」。50点あれば東証株価指数（TOPIX）を上回っているケースが多いと予想されます。

今後のためのアドバイス

銘柄選別で超過収益を狙うアクティブ運用でそれなりの成果が得られるランクです。継続は力なり。弱点を補強するだけでBランクに行けるはずです。

もう一息（ランクD）
38～44点

このランクに該当する人はどういう人？

推定年間リターン0～3% 年率10%の利益を出せる人は数%で、その人たちも実力があるというより、偶然の可能性があります。潜在的には損失を出しやすい水準です。

今後のためのアドバイス

株価指数に連動する投資信託（ETF）を買った方が、アクティブ運用よりも成績はよかったかもしれない水準です。ファンド中心運用を目指すか、もっと勉強するか、投資スタンスを見直してください。

要努力（ランクE）
～37点

このランクに該当する人はどういう人？

推定年間リターンマイナス 昨年1年間の株式投資ではかなり負けており、半数以上は損失を出しています。自分の投資法を見つめなおす必要も。改善の余地が多いといえます。

今後のためのアドバイス

あくまで統計による推定ですが、今のままでは損失の可能性が高いです。投資の基本が身についていないのが原因です。先人が苦労しながら発見した基本を学びましょう。

Q16 現在株式投資に充てている資金の額は？

100万円未満	2070人	25.4%
100万～300万円未満	2075人	25.5%
300万～500万円未満	1095人	13.4%
500万～1000万円未満	1200人	14.7%
1000万～2000万円未満	872人	10.7%
2000万円以上	830人	10.2%
合計	8142人	100.0%

Q17 株保有の目的は？

A：値上がり益追求　B：配当利回り重視

絶対A	3136人	38.5%
どちらかといえばA	3964人	48.7%
どちらかといえばB	933人	11.5%
絶対B	108人	1.3%
合計	8141人	100.0%

Q18 信用取引を行いますか？

A：積極的に活用　B：現物株取引に徹する

絶対A	1025人	12.6%
どちらかといえばA	973人	12.0%
どちらかといえばB	1570人	19.3%
絶対B	4573人	56.2%
合計	8141人	100.0%

Q19 銘柄選びのための情報源は？ よく使う物を3つまで選んでください

（回答上位五つを抜粋）

ネット証券の情報サービス	3935人	16.5%
新聞の株式・マネー面	3420人	14.4%
会社情報・四季報	2747人	11.5%
マネー雑誌	2434人	10.2%
新聞の経済面	2406人	10.1%

Q20 購入や売却の決め手になるのは何ですか？ あなたがよく使う指標を3つまで選んでください

（回答上位五つを抜粋）

移動平均線	3020人	12.6%
ローソク足	2930人	12.2%
PERやPBRなどの割安指標	2407人	10.1%
株価に大きな影響を与えそうなニュース	1552人	6.5%
配当利回り	1517人	6.3%

Q21 投資格言の中であなたの株式投資ルールに最も近い物をひとつ選んでください（回答上位三つを抜粋）

頭としっぽはくれてやれ（底値で買って天井で売ることを目指さない）	1936人	23.8%
人の行く裏に道あり花の山（逆バリ投資）	1246人	15.3%
待てば海路の日和あり（チャンスをじっくり待つ）	1235人	15.2%

Q22 過去1年（06年2月～07年1月末）の株式投資の運用実績を概算で教えてください

マイナス	3174人	39.0%
0～5%程度	1320人	16.2%
5～10%程度	1340人	16.5%
10～15%程度	698人	8.6%
15～20%程度	429人	5.3%
20～30%程度	353人	4.3%
30～50%程度	167人	2.1%
50～100%程度	116人	1.4%
100%以上	37人	0.5%
分からない	508人	6.2%
合計	8142人	100.0%

Q23 株式投資で勝つためのルールとして、以下の中からあなた自身が普段から心がけていることに最も近いものを3つまで選んでください

（回答上位五つを抜粋）

自分で決めた金額内で株式投資をする	3497人	15.2%
保有銘柄の値動きとチャートを定期的にチェックする	2836人	12.3%
業務内容が理解できる業界のみに投資する	2459人	10.7%
日経平均株価、NYダウなど相場の大きなトレンドを把握する	1777人	7.7%
短期間の株価の上げ下げに動じない	1692人	7.4%

Q8 現在の金融資産額はいくらですか？
（自宅用不動産を含めず）

100万円未満	814人	9.2%
100万～300万円未満	1417人	16.0%
300万～500万円未満	1092人	12.4%
500万～700万円未満	853人	9.7%
700万～1000万円未満	908人	10.3%
1000万～2000万円未満	1533人	17.4%
2000万～3000万円未満	1251人	14.2%
3000万円以上	961人	10.9%
合計	8829人	100.0%

Q9 金融資産全体での年間の運用目標は？

定期預金の金利（年0.1%程度）を上回る	504人	5.7%
年1～5%程度	1059人	12.0%
年5～10%程度	2317人	26.2%
年10～20%程度	1704人	19.3%
年20～30%程度	751人	8.5%
年30～50%程度	288人	3.3%
年50～100%程度	295人	3.3%
年100%以上	99人	1.1%
目標は特にない	1816人	20.6%
合計	8833人	100.0%

Q10 現在、投資信託を持っていますか？

持っている	3772人	42.7%
持っていない	5062人	57.3%
合計	8834人	100.0%

Q11 （Q10で「持っていない」と答えた人）それはなぜですか？
（複数回答）（回答上位五つを抜粋）

手数料が高い	1731人	19.1%
自分で運用した方がリターンがいる	1641人	18.1%
選び方がよく分からない	1293人	14.3%
運用会社の運用手腕を信用できない	1078人	11.9%
特に理由はない	1015人	11.2%

Q12 （Q10で「持っている」と答えた人）持っているタイプの投信はどれですか
（複数回答）（回答上位五つを抜粋）

日本株インデックス投信	1372人	12.7%
新興国株ファンド	1358人	12.6%
日本株アクティブ投信	1267人	11.8%
国際分散型ファンド	1003人	9.3%
外債ファンド	901人	8.4%

Q13 ネット証券で今後取り扱ってほしい、取り扱いを増やしてほしい商品はありますか？
（複数回答）（回答上位五つを抜粋）

販売手数料無料の投資信託	2903人	10.8%
インド株	2482人	9.3%
ベトナム株	2269人	8.5%
IPO銘柄	1822人	6.8%
金	1629人	6.1%

Q14 ネット証券選びで重要視するポイントを3つまで選んでください
（回答上位五つを抜粋）

売買手数料	7163人	28.5%
売買ツールの使い勝手	3999人	15.9%
投資情報サービスやツールの使い勝手	2678人	10.7%
自分自身の慣れ	1831人	7.3%
システムの安定度	1676人	6.7%

Q15 あなたの株式投資履歴は？

1年未満	1210人	14.9%
1～2年未満	1770人	21.7%
2～3年未満	1130人	13.9%
3～5年未満	1032人	12.7%
5～10年未満	1693人	20.8%
10年以上	1307人	16.1%
合計	8142人	100.0%

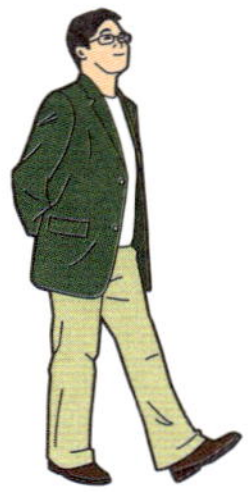

個人投資家アンケート 主要な質問項目の結果一覧

(注) 掲載用に、回答の項目数などを編集部で改編した。
パーセンテージは小数第2位を四捨五入しているので合計には誤差がある。

Q1 性別

男性	7542人	85.3%
女性	1299人	14.7%
合計	8841人	100.0%

Q2 年齢

10代以下	28人	0.3%
20代	1100人	12.4%
30代	2857人	32.3%
40代	2134人	24.1%
50代	1576人	17.8%
60代	928人	10.5%
70歳以上	217人	2.5%
合計	8840人	100.0%

Q3 職業

経営者・会社役員	684人	7.7%
会社員	4434人	50.2%
公務員	727人	8.2%
専門職(税理士・弁護士など)	326人	3.7%
派遣・パートタイム	385人	4.4%
フリーター	149人	1.7%
専業トレーダー	184人	2.1%
主婦	498人	5.6%
学生	210人	2.4%
無職	1244人	14.1%
合計	8841人	100.0%

Q4 月々、定期的な積み立てをしていますか?

している	4899人	55.5%
していない	3930人	44.5%
合計	8829人	100.0%

Q5 (Q4で「している」と答えた人)
月収の何%を積み立てていますか?

1～10%	2890人	59.1%
11～20%	1128人	23.1%
21～30%	533人	10.9%
31～40%	151人	3.1%
41%以上	191人	3.9%
合計	4893人	100.0%

Q6 (Q4で「している」と答えた人)
どんな金融商品で積み立てをしていますか?
あてはまるものをいくつでも選択してください (回答上位五つを抜粋)

預貯金	3664人	46.4%
投資信託	1537人	19.5%
株	1594人	20.2%
外貨預金・外貨MMF	426人	5.4%
その他	676人	8.6%
合計	7897人	100.0%

Q7 年間、世帯年収の何%程度を貯蓄・投資に回していますか?

0%	337人	3.8%
5%未満	1267人	14.4%
5～10%	2028人	23.0%
10～20%	2280人	25.8%
20～30%	2037人	23.1%
30%以上	880人	10.0%
合計	8829人	100.0%

〈編者〉
日経マネー

編集長　北澤千秋

執筆者　安原ゆかり
陣　知久
坂﨑絢子

8841人アンケートでわかった!
「勝ち組」投資家の法則

2007年10月16日　1刷

編者　日経マネー

発行者　羽土　力
発行所　日本経済新聞出版社
http://www.nikkeibook.com
東京都千代田区大手町1-9-5　〒100-8066
電話　03-3270-0251
印刷・製本　凸版印刷
装丁・本文デザイン　Aleph zero co.,ltd.
イラスト　渡辺鉄平

ISBN978-4-532-35278-3

Printed in Japan

読後のご感想をホームページにお寄せください
http://www.nikkeibook.com/bookdirect/kansou.html